MICHAEL MARY

DIE BEZIEHUNGS TRICKKISTE

DIE GU-QUALITÄTSGARANTIE

Wir möchten Ihnen mit den Informationen und Anregungen in diesem Buch das Leben erleichtern und Sie inspirieren, Neues auszuprobieren. Bei jedem unserer Produkte achten wir auf Aktualität und stellen höchste Ansprüche an Inhalt, Optik und Ausstattung.
Alle Informationen werden von unseren Autoren und unserer Fachredaktion sorgfältig ausgewählt und mehrfach geprüft. Deshalb bieten wir Ihnen eine 100%ige Qualitätsgarantie.

Darauf können Sie sich verlassen:
Wir legen Wert darauf, dass unsere Gesundheits- und Lebenshilfebücher ganzheitlichen Rat geben. Wir garantieren, dass:
- alle Übungen und Anleitungen in der Praxis geprüft und
- unsere Autoren echte Experten mit langjähriger Erfahrung sind.

Wir möchten für Sie immer besser werden:
Sollten wir mit diesem Buch Ihre Erwartungen nicht erfüllen, lassen Sie es uns bitte wissen! Nehmen Sie einfach Kontakt zu unserem Leserservice auf. Sie erhalten von uns kostenlos einen Ratgeber zum gleichen oder ähnlichen Thema. Die Kontaktdaten unseres Leserservice finden Sie am Ende dieses Buches.

GRÄFE UND UNZER VERLAG. *Der erste Ratgeberverlag – seit 1722.*

Inhalt

Vorwort 4

Liebe 9

Begegnungen 10
Eifersucht 12
Enttäuschungen 14
Erwartungen 16
Übung: Unterschiedliche
Lebensvorstellungen 18
Frauen und Liebe 20
Freude 22
Freundschaft 24
Hass 26
Intimität 28
Liebe 30
Männer und Liebe 32
Selbstlose Liebe 34
Vertrauen 36

Nähe und Distanz 39

Abneigung 40
Distanz 42
Geheimnisse 44
Selbstverantwortung 46
Selbstwert 48
Übung: Wer bin ich jetzt,
wer will ich sein? 50

Zusammenleben 53

Hausarbeit 54
Interessen 56
Kinder 58
Kompromisse 60
Macht 62
Recht haben 64
Übung: Gegenseitig Sichtweisen
anerkennen 66
Resignation 68
Rituale 70
Trennung 72
Übung: Bleiben oder gehen? 74

Emotionen — 77

Ärger	78
Bedürfnisse	80
Beleidigung	82
Übung: Gute Gespräche miteinander führen	84
Gefühle	86
Glück	88
Langeweile	90
Sehnsüchte	92
Trauer	94
Verachtung	96
Verbitterung	98
Verletzungen	100
Wut	102

Kommunikation — 105

Auseinandersetzungen	106
Entschuldigungen	108
Kommunikation	110
Übung: Du verstehst mich einfach nicht	112
Kritik	114
Metakommunikation	116
Übung: Was ist eigentlich los mit uns?	118
Probleme	120
Streit	122
Übung: Streitgespräche führen	124
Vorwürfe	126
Übung: Mit Vorwürfen umgehen	128

Sexualität — 131

Begehren	132
Erotik	134
Leidenschaft	136
Seitensprung	138
Unlust	140

Zum Nachschlagen — 142

Was Sie über Paarberatung wissen sollten	142
Bücher und Adressen	143
Über den Autor	143

Vorwort

Diese Beziehungs-Trickkiste will zu den manchmal verwirrenden und problematischen Themen, die im Alltag eines jeden Paares auftauchen, Erläuterungen und praktische Anregungen geben.

Ich gehe dabei auf verschiedene Bereiche des Paarlebens ein und behandle die jeweiligen Themen nicht in aller Ausführlichkeit, denn zu fast jedem Thema könnte ein eigenes Buch geschrieben werden. Mir kommt es vor allem darauf an, Denkanstöße und ungewöhnliche Sichtweisen zu vermitteln. Dabei ist mir ein direktes und offenes Wort wichtiger als eine ausgewogene oder gar wissenschaftlich fundierte Darstellung der Sachverhalte. Ich schreibe aus der Sicht eines Praktikers.

Es geht mir darum, Betroffenheit über das eigene Verhalten auszulösen und Alternativen dazu aufzuzeigen. Es ist zwar einfacher, sich über den Partner aufzuregen, aber es hilft mehr, sich an die eigene Nase zu fassen. Außerdem gilt in einer Beziehung: Für eine Lösung ist derjenige zuständig, der das Problem empfindet, weil er es von diesem Moment an hat.

Wenig bewirkt viel

Manchmal ist gar nicht viel nötig, um mit schwierigen Beziehungslagen besser umzugehen. Da Partner sich in Konflikten gegenseitig emotional hochschaukeln, ist bereits viel mit etwas Verlangsamung getan, mit etwas Abstand und ein wenig Besinnung, und auch die kurzen Übungen, die Sie ins Buch eingestreut finden, können hilfreich sein.

Beziehungen halten nicht deswegen, weil die Partner alles richtig machen – das ist ein Märchen, das manche sogenannten Experten verbreiten. Beziehungen halten, solange die Partner bereit sind, Probleme und Schwierigkeiten, die jede Partnerschaft unvermeidlich mit sich bringt, miteinander zu bewältigen. Zu dieser Bereitschaft hoffe ich beizutragen und wünsche bei der Anwendung der Beziehungstricks viel Erfolg.

Was ist das überhaupt – eine Beziehung?

Lassen Sie mich das zwar nüchtern, aber sehr brauchbar definieren: Eine Beziehung ist die Geschichte der gegenseitigen Reaktionen zweier Partner aufeinander.

Diese Definition mag schlicht klingen, aber sie hat es in sich. Denn sie macht klar, dass in einer Beziehung niemals einer eine Entwicklung verursachen kann. Gleichgültig wie diese Entwicklung verläuft, es sind immer beide Partner daran beteiligt. Diese Erkenntnis mag in bestimmten Situationen eine bittere Pille sein, die man nicht schlucken will. Doch wer sie verinnerlicht, der übernimmt seinen Teil der Verantwortung für den Weg, den die Beziehung als Ganzes nimmt.

Reaktionen, die auf Reaktionen folgen

Warum sind fast alle Partner davon überzeugt, der andere trage mehr Schuld an einer unerwünschten Entwicklung als sie selbst? Wer sich in einer Beziehung befindet, nimmt wie selbstverständlich das Verhalten des Partners wahr, ihn und sein Tun hat man im Blick. Sich selbst und das eigene Verhalten zu erkennen ist hingegen sehr viel schwieriger.

Sie können aber sicher sein, dass sich Ihr Verhalten und das Ihres Partners stets gegenseitig bedingen. Wenn sich ein Partner beispielsweise ärgert und der andere darauf reagiert, indem er, vielleicht sogar mit einem empörten Unterton, sagt „Das muss dich doch nicht ärgern!", dann ist das eine gute Strategie, um das Gegenüber noch ärgerlicher zu machen.

Wenn also ein Problem in einer Partnerschaft entsteht, ist es immer von beiden Partnern verursacht, schlicht durch die Art und Weise, in der ein Partner auf die Reaktion des anderen reagiert, was eine Reaktion hervorbringt, auf die wiederum reagiert wird, was weitere Reaktionen nach sich zieht und immer so weiter und so fort. Wenn Sie den Ablauf dieser Reaktionskette verändern wollen, brauchen Sie nicht auf Ihren Partner zu warten. Indem Sie Ihre Reaktion auf ungewohnte Weise verändern, gerät Ihr Partner automatisch aus seinem Konzept und reagiert seinerseits anders. Und schon fängt etwas Neues an, eine spannende Geschichte, die auch andere Ergebnisse liefern wird.

Beziehungsprobleme sind notwendig

Wahrscheinlich haben Sie schon die Behauptung gehört, Partnerschaftsprobleme wären vermeidbar. Glauben Sie solchen Unsinn bitte nicht! Das genaue Gegenteil trifft zu. Beziehungsprobleme sind unvermeidbar. Das kommt daher, dass sich jeder Partner im Laufe der Zeit verändert und dann anders auf sein Gegenüber reagiert. Vielleicht zieht er sich mehr in sich zurück oder sein Begehren flaut ab, während das des Partners unverändert ist. In der Beziehung entsteht dann eine Spannung. Erst anhand dieser Beziehungsveränderung fällt auf, dass es zu Veränderungen auf Seiten des einen oder des anderen Partners gekommen ist. Dass Beziehungen an solch einem Punkt schwierig werden können, stellt kein Versagen dar, sondern gleicht einem Wink mit dem Zaunpfahl.

Eins meiner Bücher trägt den Untertitel „Wer etwas ändern will, braucht ein Problem". Diese Erkenntnis trifft ohne Einschränkung auch auf Partnerschaften zu. Die beste Haltung gegenüber Paarproblemen ist daher die Neugier. Auch wenn es nicht leichtfällt: Interessieren Sie sich für die Probleme, die entstehen, und seien Sie gespannt darauf, welche Informationen sich darin mitteilen. Suchen Sie auf keinen Fall vorschnell nach Lösungen, nur um ein Problem loszuwerden. Entwickeln Sie einen langen Atem und Forschergeist. Wenn Sie ein Problem und seine Bedeutung erst einmal verstanden haben, tauchen Lösungen meist ganz von selbst auf.

Es gibt nicht nur eine Liebesform

Eine Beziehung verfügt zudem über eingebaute Probleme. Die Erwartungen an Paarbeziehungen sind heutzutage so groß geworden, dass man mit dem Partner sozusagen „alles" erleben und teilen möchte. In einer Beziehung sind grundsätzlich drei verschiedene Liebesformen möglich. Es sind dies die partnerschaftliche, die freundschaftliche und die emotional-leidenschaftliche Liebe. Jede dieser Verbindungen ist intensiv und einzigartig und darf den Begriff „Liebe" für sich beanspruchen. Allerdings ist es den Partnern kaum möglich, jede dieser Liebesformen dauernd und in gleicher Intensität miteinander zu teilen. Wenn beispielsweise Kinder hinzukommen, wird meist die partnerschaftliche Bindung wichtiger, während die leidenschaftliche an Bedeutung verliert. Manche Beziehungen haben ihre Schwerpunkte in einer oder zwei Liebesformen und beinhalten die dritte wenig oder gar nicht.

Dass zwei, nur weil sie sich lieben, einander alles geben können, was jeder Einzelne braucht, ist eine Illusion. Realität ist hingegen, dass Partner sich immer wieder im Dschungel der drei Liebesformen verirren und dann neu zurechtfinden müssen. (Mehr zu diesen Themen in meinem Buch „Lebt die Liebe, die ihr habt".)

Wie unterscheiden sich nun diese drei genannten Liebesformen?

Die partnerschaftliche Liebe ermöglicht gemeinsame Lebensprojekte, beispielsweise eine Familie oder eine Firma zu gründen oder den Lebensalltag gemeinsam zu bewältigen. Bei dieser Liebesform spielen Verhandlungen, Kompromisse, Verlässlichkeit und der gerechte Ausgleich von Leistungen eine große Rolle.

Die freundschaftliche Liebe lebt im Unterschied dazu von freiwilligen guten Taten. Der Freund lässt seinen Partner so sein, wie er ist, er unterstützt ihn sogar darin, seine Eigenarten zu leben und zu entwickeln. In dieser Liebesform sind Sympathie, Respekt und Wesensanerkennung zentral.

Die emotional-leidenschaftliche Liebe wiederum lebt von der gegenseitigen emotionalen Bestätigung und von Begegnungen in intimen Bereichen, beispielsweise in der Sexualität. Liebespartner geben sich das Gefühl, in allen Aspekten ihrer Persönlichkeit gemeint und geliebt zu sein, auch in den körperlichen. In dieser Liebesform spielen tiefe Gefühle und erotisches Begehren die größte Rolle.

Das alles wäre halb so kompliziert, wenn sich die drei Liebesformen gegenseitig unterstützen würden. Das tun sie aber nicht unbedingt, vielmehr kommen sie sich öfter mal gegenseitig in die Quere oder beißen sich mitunter sogar.

So können Sie beispielsweise darüber verhandeln, wie die Partnerschaft geregelt wird, wer die Wäsche erledigt und wer den Garten pflegt, wer das Geld verdient oder wer die Hausaufgaben mit den Kindern macht. Aber Sie können nicht darüber verhandeln, wer wen wann wie zu begehren hat. Wenn Sie die emotional-leidenschaftliche Liebe wollen, müssen Sie diese Liebe schenken und darauf hoffen, dass Ihr Geschenk erwidert wird. Als leidenschaftlicher Liebhaber dürfen Sie durchaus egoistisch sein und Ihren Partner ganz für sich allein wollen.

Das wiederum passt jedoch nicht zur freundschaftlichen Liebe, weil ein freundschaftlich Liebender dem Partner gönnt, was dieser braucht, und ihn in seiner individuellen Entwicklung unterstützt, auch wenn seine eigenen persönlichen Interessen ganz anders lauten.

Ob solcher in eine Beziehung eingebauter Spannungen verwundert es nicht, dass man sich im Umgang mit den Liebesformen verheddern kann. Das passiert beispielsweise, wenn die Liebesformen vermischt werden. Dann glaubt jemand beispielsweise, im Gegenzug für eine partnerschaftliche Leistung leidenschaftliche Liebe erwarten zu können, was unweigerlich zu Problemen führt.

Guter Umgang mit Problemen

Das größte Problem in einer Beziehung besteht nicht darin, Probleme zu haben. Es besteht darin, keinen guten Umgang mit Problemen zu praktizieren. Zu einem solchen gehört in erster Linie Akzeptanz. Es ist in Ordnung, Schwierigkeiten zu durchleben. Dann folgt auf dem Fuße: Neugier. Dann: neue Reaktionen aufeinander ausprobieren. Und das alles wird am besten von einer Portion Geduld begleitet.

Es macht Sinn, wenn Sie dieses Buch hin und wieder zur Hand nehmen, um sich Anregungen zu verschaffen und um sich von dem Stress zu befreien, den es bedeutet, eine dauerhaft problemlose Beziehung führen zu wollen.

Die Übungen im Buch

Übungen können keine Wunder vollbringen. Wenn sich beispielsweise eine bestimmte Art der Kommunikation über Jahre eingeschliffen hat, wird sich diese Gewohnheit nicht durch eine halbstündige Übung verändern.

Der Sinn von Übungen ist ein anderer. Er liegt vor allem darin, Verlangsamung herbeizuführen. Man nimmt sich eine Situation vor und betrachtet sie detailliert. Man stellt sich Fragen, die in der Situation selbst untergehen, weil die Reaktionen Schlag auf Schlag ablaufen. Man richtet die Aufmerksamkeit auf Gefühle, Gedanken und Überzeugungen. Auf diese Weise macht man Entdeckungen, ähnlich wie ein Forscher.

Haben Sie also Spaß daran, halten Sie sich an die erprobten und bewährten Anleitungen und entdecken Sie Dinge, die Sie bisher übersehen haben oder deren Bedeutung Ihnen vielleicht nicht klar genug war.

Liebe

Die größte Gefahr für ihre Beziehung sind die Partner selbst. Was so paradox klingt, ist bei näherer Betrachtung nachvollziehbar. Wenn zwei sich verlieben, zeigen sie sich von ihrer besten Seite. Das bedeutet nicht, dass sie sich verstellen würden. Es meint schlicht, dass sie einander nicht alles von sich zeigen. Sie zeigen Verbindendes und halten Trennendes zurück. Nur so können Liebesbeziehungen entstehen, denn nur so bildet sich eine starke emotionale Bindung.

Diese Bindung ermöglicht es den Partnern dann nach und nach, auch Trennendes, Unterschiedliches oder sogar Unvereinbares auszuhalten. Dennoch wird eine Beziehung von Trennendem belastet, und daher ist es unvermeidlich, dass es zu Spannungen und Problemen kommt. Was es von den Partnern braucht, um trotz dieser Komplikationen in Beziehung zu bleiben, trotz auftretender Distanz wieder Nähe miteinander zu erleben, ist die Bereitschaft zur Bewältigung schwieriger Lagen.

Begegnungen

„Ich dachte immer, es wäre das Optimum zu verschmelzen, aber: Dann geht man zusammen ein!" Diese Worte einer Frau beschreiben das Ergebnis, wenn zwei Partner versuchen, zu einem Wir zu werden. Er will ihr jeden Wunsch erfüllen und sie will die Frau seiner Träume sein. Das läuft ein paar Jahre einigermaßen, aber dann bricht immer öfter Streit aus. Keiner will hinnehmen, als Individuum einzugehen. Der Streit stellt den unbewussten Versuch jedes Partners dar, sein Ich zu behaupten.

Ideen vom Wir

„Liebe ist ein Ich, das ein Du sucht, um ein Wir zu werden." Dieses mehr als fragwürdige Motto findet sich in vielen Single-Börsen im Internet und weist auf eine verbreitete Vorstellung von Liebe hin. Doch die Idee, es gäbe so etwas wie ein gemeinsames Wir, ist schlicht falsch. Es gibt bestenfalls zwei Wir: seine Vorstellung vom Wir und ihre Vorstellung vom Wir. Diese Vorstellungen sind keineswegs identisch, auch wenn jeder davon ausgeht.

„Aber du hast doch gesagt, du liebst mich" – lautet das Empfinden, wenn sich unerwartet Differenzen in der Wir-Vorstellung zeigen. „Ja, ich habe gesagt, ich liebe dich – aber wir haben nicht geklärt, was das für dich und was es für mich bedeutet."

Die Vorstellung, mit dem Partner eins werden zu können, ist nicht mehr zeitgemäß. Der Nachteil wesensmäßiger Verschmelzung besteht nämlich darin, dass es dann immer seltener zu intensiven Begegnungen kommt. Dazu bräuchte es einen Abstand, den man überwinden kann. Aber der ist nicht da. Die Beziehung ist sicher, vertraut, voraussehbar und jede Gefahr scheint aus ihr verbannt. Damit ist aber auch ein Stück Lebendigkeit verschwunden.

Individualität zählt

So ist es kein Zufall, dass vor allem junge und Paare mittleren Alters immer häufiger den Wert individueller Unterschiedlichkeit betonen. Zu ihrer Unterschiedlichkeit zu stehen bedeutet für die Partner, psychisch Abstand zu halten.

Der Vorteil besteht darin, dass man sich getrennt fühlen und immer wieder nach Nähe sehnen kann, dass man trotz der Möglichkeit, zurückgewiesen zu werden, auf den anderen zugeht und dass die Begegnung, wenn sie schließlich geschieht, sehr intensiv erlebt wird. Aus diesen Gründen suchen Partner heute statt der Verschmelzung zunehmend intensive Begegnungen miteinander. Sie halten die Beziehung lebendig, ohne sie zu ersticken.

Man kann sich eine Liebesbeziehung daher wie eine Kette vorstellen, auf der echte Begegnungen wie Perlen in verschiedenen Abständen aufgereiht sind.

Auf den Punkt gebracht

- Partner können nicht eins miteinander werden, sie bleiben getrennte Individuen.
- Das Gefühl, miteinander zu verschmelzen, wird dennoch ab und zu gebraucht. Es entsteht vor allem in emotionalen und leidenschaftlichen Begegnungen. Da findet die Bestätigung statt, so wie man ist, liebenswert und akzeptiert zu sein.
- Zwischen den Begegnungen kehrt jeder Partner zu seiner Andersartigkeit zurück. Er kann seine Individualität leben und so seine Attraktivität für den Partner bewahren.

Aus der Trickkiste

Begegnung wagen: In jeder Beziehung machen sich Gewohnheiten breit. Abends wird der Fernseher eingeschaltet oder man hält auf andere Weise Abstand voneinander. Allmählich tauchen dann Sehnsüchte oder Unzufriedenheiten auf, die wenig Beachtung finden. Es fallen erste Vorwürfe wie „Musst du immer vor der Glotze hängen?" oder „Wir unternehmen so wenig miteinander!" Das ist der Punkt, an dem Sie als unzufriedener Partner Ihre eigenen Sehnsüchte und Fantasien wahrnehmen können. Ziehen Sie sich in dem Fall zurück und lassen Sie Ihren inneren Bildern freien Lauf. Vielleicht stellen Sie in Gedanken den Fernseher aus, nehmen den Partner bei der Hand und führen ihn irgendwohin. Vielleicht streicheln Sie ihm den Nacken und küssen ihn zärtlich. Nehmen Sie wahr, was Sie in Ihrer Fantasie wagen, und setzen Sie etwas davon um – am besten gleich heute.

Wenn man sich getrennt fühlt: Manchmal wähnt man sich vom anderen so weit getrennt, dass man das Bedürfnis nach Nähe nicht unmittelbar wahrnehmen kann. Man fühlt sich einsam oder isoliert. In dem Fall sollten Sie nicht zögern, den Partner bei der Hand zu nehmen, ihn aufs Sofa zu setzen und ihm ihr Herz auszuschütten. Lassen Sie Ihren Partner an Ihrer Innenwelt teilhaben und machen Sie ihm klar, dass er nichts tun muss, dass nichts von ihm verlangt wird – außer da zu sein und zuzuhören.

Eifersucht

Viel wird darüber geschrieben, dabei ist die Sache einfach. Eifersucht ist eine Gefühlsmixtur aus Angst, Wut und Hass, die durch Überlebensängste explosiv wird. Sie hat ihre Wurzeln in der frühkindlichen Angst, von dem Menschen, den man am meisten liebt und auf den man zum Überleben angewiesen ist, verlassen zu werden. (Mehr dazu in meinem Buch „Begegnungen mit dem Inneren Kind".)

Emotionales Überleben

Auch für Erwachsene geht es im Fall von Eifersucht ums Überleben, aber nicht um das physische, sondern um das emotionale und psychische Überleben. Bestätigt sich die Eifersucht, etwa weil der Partner fremdgeht oder eine Affäre hat, dann verliert man den Boden unter den Füßen. Der andere ist so sehr Teil von einem selbst geworden, dass man sein Selbst gefährdet sieht, sobald er sich anderen zuwendet.

Aus diesen Gründen ist das Gefühl der Eifersucht so mächtig. Niemand kann diese emotionale Auflehnung gegen die Isolation ignorieren oder einfach loswerden. Selbst dann, wenn eine Eifersucht objektiv unbegründet ist, nützt es nichts, dem Partner zu schwören, er hätte keinen Grund dafür. Denn er hat einen, wenn auch keinen äußeren, sondern einen inneren: seine Angst. Eifersucht versucht, die Liebe abzusichern. Als ungezügelte Eifersucht wird sie allerdings das herbeiführen, was sie verhindern will, nämlich das Ende einer Liebe. Der Eifersüchtige zeigt in seinen Ausbrüchen oder Tiraden nicht Liebe, sondern macht deutlich, dass er den anderen für sich haben, ihn kontrollieren will, ihn gewissermaßen als Pfand für sein Gefühl der Sicherheit braucht.

Ein Übermaß zerstört die Beziehung

Ein wenig Eifersucht mag schmeichelhaft sein, aber stetige oder ausufernde Eifersucht schnürt die Liebe ein. Weil man sie nicht loswerden kann, kommt es nun darauf an, mit der Eifersucht so umzugehen, dass die Beziehung möglichst wenig Schaden nimmt.

Der erste Schritt im Umgang mit übermäßiger Eifersucht besteht darin, dass Eifersüchtige sich und dem Partner eingestehen: Ich habe Angst! Es reicht also nicht, sich selbst die Angst einzugestehen. Man sollte sie dem Partner gegenüber zugeben, anstatt ihn zu beschuldigen, zu verdächtigen und ihn auszuspionieren.

Im zweiten Schritt heißt es, sich klarzumachen, dass der Partner diese Angst zwar auslöst, dass es aber dennoch die eigene Angst ist: Ich muss mit ihr umgehen. Ich kann nicht erwarten, dass der Partner sein Leben so lebt, dass mir Angst erspart bleibt. Schließlich will ich mein Leben ja auch nicht von den Ängsten meines Partners abhängig machen.

Auf den Punkt gebracht

● Eifersucht versetzt einen Menschen in einen kindlichen Wahrnehmungszustand. Er begegnet dem Inneren Kind, früher erlebten Gefühlen von Panik und Ohnmacht.
● Diese starken Gefühle der Unsicherheit und Ungewissheit können absolut unerträglich scheinen, im Kopf rotiert es endlos, Schlaflosigkeit und Zittern können körperliche Symptome sein.
● Eifersucht kann man nicht loswerden, man kann aber nach Wegen suchen, damit umzugehen.

Aus der Trickkiste

Wenn Eifersucht zum Problem wird, sollten die Partner Regeln für den Umgang damit aufstellen. Die Vereinbarungen sollten klipp und klar festhalten, was erlaubt, was verboten und was tabu ist. Wenn eine Frau stark unter Eifersucht leidet und Zugang zum E-Mail-Postfach ihres Mannes verlangt, müssen beide verhandeln. Dann kommen sie vielleicht zu folgender Regelung: Er gibt ihr das Passwort. Findet sie in seinen Mails nichts, darf sie ihn vier Wochen lang nicht mehr auf das Thema ansprechen.

Wenn Sie unsicher sind: Gegen das Gefühl der Unsicherheit hilft Verlässlichkeit. Der Eifersüchtige sollte deutlich machen, worauf er sich verlassen möchte, und der von Eifersucht Bedrängte sollte klar sagen, wozu er bereit ist und wozu nicht. Zum Beispiel: „Du kannst dich nicht darauf verlassen, dass ich niemand anderen attraktiv finde. Aber du kannst dich bestimmt darauf verlassen, dass ich nicht heimlich mit jemand anderem was anfange."

Wenn Grenzen aufgezeigt werden müssen: Der von Eifersucht Bedrängte sollte seine Gefühle deutlich machen. Beispielsweise: „Ich fühle mich nicht mehr wohl mit dir. Ich bin dabei, mich von dir zu entfernen." Damit stellt er seine Gefühle denen des Partners gegenüber, was diesem Orientierung und beiden eine neue Basis für Gespräche gibt.

Enttäuschungen

Es gehört zu den liebsten Gewohnheiten von Partnern, sich gegenseitig für Enttäuschungen verantwortlich zu machen. Dabei wäre das Thema unter der Überschrift „Täuschungen" leichter abzuhandeln. Denn wer enttäuscht wurde, der muss sich vorher getäuscht haben.

Jeder Partner sorgt für seine Enttäuschungen selbst, indem er Erwartungen in den Partner hineinlegt. Diese bildliche Formulierung zeigt sehr anschaulich, wer hier der Aktive ist: derjenige nämlich, der stillschweigend hofft oder erwartet und der schließlich als Enttäuschter dasteht.

Die meisten Partner halten es für selbstverständlich, dass die Liebe berechtigt, Erwartungen an den anderen zu hegen. Wenn diesen nicht entsprochen wird, lautet der Vorwurf oft: „Wie konntest du das nur tun? Du hast doch gesagt, dass du mich liebst!"

Das Gefühl der Liebe bringt viel Unausgesprochenes mit sich, das zudem meist auch noch unbewusst vorhanden ist. Man kann dann erst nachträglich anhand einer Enttäuschung feststellen, welche Erwartungen man unwissentlich hatte. Das Verzwickte an vielen Erwartungen ist zudem, dass sie aus der persönlichen Geschichte der Partner stammen und für den anderen nicht ohne Weiteres einzusehen sind.

Was also, wenn eine Enttäuschung eingetreten ist?

Das Schlimme an einer Enttäuschung ist immer die Verletzung, der Schmerz, der dann auftaucht. Diese Verletzung will anerkannt sein, das ist die Aufgabe des Verletzten. Wer sich gegen den eigenen Schmerz wehrt, wird den Partner für die Täuschung verantwortlich machen. Auf Dauer baut er Verbitterung auf.

Besonders schwierig ist es im Falle einer bewussten Täuschung, wenn man also absichtlich hereingelegt, wenn man belogen,

Liebe

betrogen oder hintergangen wurde. In diesem Fall bleibt dem Enttäuschten die Möglichkeit, sich mit einer möglicherweise vorhandenen Leichtgläubigkeit zu befassen. Eine weitere Möglichkeit besteht darin, für sich selbst angemessene Konsequenzen zu ziehen.

Dem Partner vorzuwerfen, man habe ihm Vertrauen geschenkt, ist wenig sinnvoll. Eher kann man sich klarmachen, dass es das eigene Bedürfnis ist, dem Partner zu vertrauen, und dass dieses Vertrauen durchaus missbraucht werden kann.

Auf den Punkt gebracht

- Wenn Partner sagen, der andere habe sie „verletzt", ist damit meist gemeint, er habe eine Erwartung enttäuscht.
- Weil man weder seine eigenen noch die Erwartungen des Partners in Gänze kennen kann, sind Verletzungen in Beziehungen unvermeidlich.
- Bewusste Täuschungen rufen psychische Verletzungen – ähnlich körperlichen Verletzungen – hervor. Entsprechend lang ist die Zeit, bis sie vollständig ausgeheilt sind.

Aus der Trickkiste

Wenn eine Enttäuschung eingetreten ist, kommen Sie am besten weiter, indem Sie sich ruhig hinsetzen und sich selbst ein paar Fragen stellen.
- Worin habe ich mich getäuscht?
- Was habe ich vorausgesetzt, vielleicht sogar stillschweigend?
- Deckt sich diese Erwartung meinerseits mit der meines Partners?

Wer bewusst getäuscht hat, sollte folgende Schritte unternehmen:
- Geben Sie zu, was Sie getan haben.
- Nehmen Sie wahr, was Sie beim Partner ausgelöst haben.
- Stellen Sie fest, ob und wie Sie Wiedergutmachung leisten können oder wollen.

Wer bewusst getäuscht wurde, sollte sich trotz aller unangenehmer und schmerzlicher Gefühle fragen:
- Was kann ich verzeihen – und was nicht?
- Welche Konsequenzen will ich aus den Vorgängen ziehen?

Erwartungen

Vor Kurzem sprach ich mit einer Frau, die ihren Freund übers Internet kennengelernt hatte. Sie habe keinerlei Erwartungen ihm gegenüber gehabt, erklärte sie. Doch wozu hat sie dann überhaupt nach einem Mann gesucht? Kann man erwartungsfrei suchen? Wohl kaum.

Nur eine Schwärmerei?

Es wird viel von der erwartungsfreien Liebe geschwärmt. Ich bin einer solchen selbstlosen Liebe allerdings noch nicht begegnet. Wer sich auf die Liebe einlässt, hat Erwartungen. Das heißt nicht, dass ihm seine Erwartungen – von denen des Partners ganz zu schweigen – bewusst sind. Er sagt vielleicht: „Nur keine Erwartungen, erst mal sehen, was daraus wird", aber tief in seinem Inneren stehen die Erwartungen in ihren Startblöcken bereit. Das sagt ja schon ihr Name: Sie warten! Wenn es dann passiert ist, wenn die Liebe da ist, laufen sie eine nach der anderen los und sorgen immer wieder für großes Erstaunen.

Das bedeutet, dass Partner ihre eigenen Erwartungen und die des anderen erst nach und nach und im Laufe der Ereignisse kennenlernen und ihre Tiefe und Bedeutung bemerken. Dann hört man sich irgendwann sagen: „Ich wusste selbst nicht, wie wichtig mir der Kinderwunsch ist", oder man staunt: „Ich hätte nie geglaubt, dass du irgendwann nur noch so wenig Lust haben könntest, mit mir zu schlafen!"

Erwartung – und Enttäuschung

Etliche Erwartungen führen zwangsläufig zu Enttäuschungen, und oft fällt erst an dieser Enttäuschung auf, dass eine Erwartung bestanden hat und wie stark sie war. Zum Beispiel mag einer geglaubt haben, er könne eine offene Ehe führen, aber wenn der Partner dann mit jemand anderem im Bett war, fällt er aus allen Wolken und in den Schmerz. In dem Fall war die Erwartung an sich selbst, man könne locker damit umgehen, zu groß.

Über Erwartungen zu diskutieren macht keinen Sinn. „Wie konntest du dies oder jenes erwarten?", wäre ein fruchtloser Vorwurf, weil niemand über seine Erwartungen bestimmen kann. Besser als Erwartungen zu leugnen oder zu verurteilen ist es, sie zu entdecken, sie anzuerkennen oder über sie zu staunen.

Eine Geschichte

Tom und Anna sind ein Paar. Tom erzählt Anna von seinen beruflichen Ängsten. Wenig später spricht Anna mit ihrer Freundin Gerlinde darüber. Gerlinde spricht später Tom auf das Thema an, worauf der aus allen Wolken fällt. Es kommt zum Konflikt zwischen ihm und Anna. Dabei stellt sich heraus: Tom hält es für selbstverständlich, dass seine Frau solche Dinge für sich behält. Anna hingegen hält Ängste für ganz normal und sieht kein Problem darin, mit ihrer besten Freundin darüber zu sprechen.

Es waren also stillschweigende Erwartungen am Werk. Erst durch den Konflikt ergibt sich die Chance, darüber zu sprechen, was der eine und die andere für vertraulich halten und wie beide zukünftig mit vertraulichen Dingen umgehen wollen.

Auf den Punkt gebracht

- Wer in Beziehung ist, kann nicht keine Erwartungen haben. Das ist nicht möglich.
- Viele Erwartungen sind unbewusst und werden erst im Laufe der Zeit und der Entwicklung der Beziehung deutlich, wenn der Alltag sie ans Licht gebracht hat.
- Unterschiedliche Erwartungen bei den beiden Partnern führen naturgemäß zu kleinen oder auch großen Spannungen in der Beziehung.
- Dass Erwartungen gebrochen wurden, zeigt sich dann an Enttäuschungen und Verletzungen.

Aus der Trickkiste

Wenn es bereits wehtut, kann man sich fragen: Was hielt ich bisher für selbstverständlich? Ist das, was ich erwartet habe, wirklich so selbstverständlich? Und was hält eigentlich mein Partner für selbstverständlich?

Wenn Partner darüber sprechen, wie sie zukünftig mit dem Thema umgehen wollen, sollten sie unter anderem folgende Fragen erörtern:

- In Bezug auf welches Thema ist es zur Enttäuschung oder Verletzung gekommen? Ging es um Verlässlichkeit, Sexualität, Ehrlichkeit, Treue, Pünktlichkeit …?
- Bestand eine Absicht zu verletzen, oder gab es einfach unterschiedliche Erwartungen und differierende Einschätzungen?
- Was kann mein Partner in Hinsicht auf dieses Thema zukünftig von mir erwarten, worauf darf er zählen?
- Und was kann er unter keinen Umständen erwarten, worauf sollte er nicht zählen?

Unterschiedliche Lebensvorstellungen

Manchmal sind unterschiedliche Lebensvorstellungen von Anfang einer Beziehung an sichtbar, doch in der Phase der Verliebtheit werden sie gern links liegen gelassen. Nicht selten treten verschiedene Lebensentwürfe aber auch erst im Laufe der Zeit zutage.
An solch einem Punkt beginnen gewöhnlich Machtkämpfe. Jeder will den Partner auf den eigenen Weg zerren und beruft sich dabei auf die Liebe.
Da mit Lebensvorstellungen wichtige individuelle Ziele verfolgt werden, ist es nicht hilfreich, darüber zu streiten, ob solche Vorstellungen richtig, falsch, normal, verrückt oder sonst wie sind. Wovon der Partner träumt, davon träumt er. Man kann seine Träume nicht wechseln wie ein Kleidungsstück. Man kann aber eines tun: Man kann die eigene Vorstellung entfalten und dann feststellen, was sie auf der anderen Seite bewirkt. Wenn der Partner das ebenfalls tut, können sich neue Informationen über Gemeinsamkeiten oder Unterschiede ergeben.

Die Regeln dieser Übung

Die Übung dauert für jede Seite etwa eine halbe Stunde. Während ein Partner seine Vorstellung entfaltet, schweigt der andere. Keine Kommentare, keine Kritik und kein Auslachen!
Bei der Schilderung der Zielvorstellung wird in der Gegenwartsform gesprochen, also nicht: „Ich würde drei Kinder haben", sondern „Ich habe drei Kinder." Diese Sprachform führt zu besseren Resultaten.
Je intensiver und lebendiger der Zukunftstraum entfaltet wird, desto mehr kann sich der andere Partner darunter vorstellen. Beschreiben Sie ausführlich, was in der Außenwelt und was in der Innenwelt passiert, wenn das Ziel erreicht ist.

SCHRITT 1:
Vorstellungen entfalten

- Die Ausgangssituation: Verschiedene Zukunftsvorstellungen sind deutlich geworden und die Auseinandersetzungen darüber haben einen konflikthaften Charakter angenommen.
- Jeder Partner befasst sich nun für einige Minuten mit der Frage: „Wie sieht mein Leben konkret aus, wenn alle meine Vorstellungen und Zukunftsträume verwirklicht sind?"
- Dann stellt ein Partner das Bild, bereits an diesem Ziel zu sein, dem anderen vor. Er schaut sich in der Zukunft um und schildert 15 Minuten lang sehr ausführlich und in der Gegenwartsform die Antworten auf folgende Fragen:
  - Wo bin ich und was ist dort bereits verwirklicht?
  - Was genau geschieht dort?
  - Welche Menschen sind daran beteiligt?
  - Welche Gefühle habe ich, wie ist es, so zu leben?
  - Welche Sehnsucht hat sich dort erfüllt?

Liebe

- Nach Ablauf der Zeit wird sofort gewechselt, ohne vorher über den Traum des ersten Partners zu sprechen. Der andere Partner entfaltet seinen Traum nun ebenfalls in der Gegenwartsform und in aller Ruhe und Breite 15 Minuten lang. Er konzentriert sich ganz auf seine Zukunft und lässt außer Acht, was er gerade von seinem Gegenüber erfahren hat.

SCHRITT 2:
Die Beziehung

- Jetzt tauschen sich die Partner aus: Wie gut ist es uns gelungen, die Zukunftsvorstellungen zu entfalten? Was ist deutlicher geworden, was ist sogar neu? Was habe ich/hast du vorher nicht gewusst? Was hat die Entfaltung des Traumes beim anderen Partner ausgelöst? Was verspricht sich jeder, was wir uns gemeinsam von der Zukunftsvision des jeweils anderen?
- Was ist durch die Schilderung der Zukunftsvorstellungen in der Beziehung entstanden? Sind wir uns nähergekommen? Haben wir uns weiter voneinander entfernt? Verstehen wir unsere Gemeinsamkeiten und Unterschiede jetzt besser? Können wir uns entgegenkommen?

Frauen und Liebe

Erleben Frauen die Liebe anders als Männer? Ja und Nein. Nein, weil die Evolution den Geschlechtern keine Vorgaben bezüglich ihres Liebeserlebens gemacht hat. Ja, weil im Laufe der Geschichte ein spezifisches Rollenverhalten entstanden ist, das Männern und Frauen immer noch unterschiedliche Erfahrungen mit der Liebe beschert. Wie sehen diese Erfahrungen speziell für eine Frau aus?

Der Vater

Der erste Mensch des anderen Geschlechts, den eine Frau in ihrem Leben liebt, ist ihr Vater. Sein bewundernder Blick auf „die kleine Frau" trägt wesentlich zum Aufbau ihrer Identität bei. Und zwar zum Aufbau ihrer Identität nicht als Mensch, sondern zum Aufbau ihrer Geschlechsidentität. Durch den Blick des Vaters weiß das Mädchen, dass es eines Tages eine begehrenswerte Frau sein wird.

Bei den meisten Mädchen kommt diese Bestätigung jedoch zu kurz, weil der Vater offenbar Wichtigeres zu tun hat: Er muss arbeiten und täglich „149 Mails checken". Die meisten Mädchen erleben Liebe daher im Zusammenhang mit einem Mangel an Bestätigung durch den wichtigsten Vertreter des anderen Geschlechts. Dieser Mangel führt zu einem Mangel hinsichtlich ihres Selbstwertgefühls „als Frau".

Diesen Zusammenhang von Liebe und Mangel nehmen Frauen ins Erwachsenenleben mit. Eine Frau, die liebt, befürchtet und erwartet meist früher oder später, vernachlässigt zu werden. Die verbreiteten Klagen der Frauen – Männer ziehen sich zurück, sie schweigen, sie suchen bloß ihre Freiheit – sprechen diesbezüglich Bände. Frauen erleben den Rückzug des Mannes als Angriff auf ihre weibliche Identität und sehnen sich entsprechend nach seiner Zuwendung.

Fatale Reaktionen

Um dem befürchteten Mangel vorzubeugen oder einem schon gefühlten Mangel abzuhelfen, bemüht sich die Frau um die Aufmerksamkeit des Mannes. Sie macht sich schön, sie sucht Nähe, sie macht ihm Vorwürfe, wenn ihr die Nähe fehlt, sie „arbeitet" an der Beziehung.

Nun setzt eine verhängnisvolle Dynamik ein. Denn ihr Bemühen trifft auf die genau gegensätzliche Befürchtung des Mannes, die da lautet: Sie will mich kontrollieren, sie will mich einengen. Ohne es zu wollen provoziert die Frau den Mann, bei dem Liebe im Zusammenhang mit Enge steht, sich von ihr zurückzuziehen und sich vor ihr zu verschließen.

Auf eines sei nochmals hingewiesen: Es handelt sich bei Mangel- und Engewahrnehmung und dem daraus resultierenden Verhalten um erlerntes Rollen- und nicht um „natürliches" Verhalten. Daher können sich die Rollen jederzeit umdrehen, etwa wenn die Frau sich verschließt und Abstand nimmt und der Mann sich dann vernachlässigt fühlt (mehr dazu in „Wie Männer und Frauen die Liebe erleben").

Auf den Punkt gebracht

- Die geschlechtsspezifische Wahrnehmung der Liebe bezüglich Mangel und Enge zeigt sich in fast jeder Beziehung.
- Durch den Versuch, Mangel zu vermeiden, provoziert eine Frau ungewollt genau die Reaktion, die sie vermeiden möchte: Der Mann verschließt sich und lässt die Frau gegen eine Wand laufen.
- Im Konfliktfall schaukeln sich beide Verhaltensweisen weiter hoch: Je mehr sie sich um Nähe und Orientierung bemüht, desto mehr verschließt er sich. Und je mehr er sich verschließt, desto mehr versucht sie, an ihn heranzukommen.

Aus der Trickkiste

Wo ist der Ausweg? Die Lösung scheint paradox: Die Frau müsste sich so verhalten, als ob sie den Mann nicht „so sehr" bräuchte. Das bedeutet, sie müsste ihn aus dem Mittelpunkt des eigenen Lebens wegschieben und sich selbst an diese Stelle setzen. Dann kann sie ihm Liebe anbieten, muss aber nicht darum kämpfen. Dann macht sie den eigenen Wert nicht vom Mann abhängig, sondern von der eigenen Anerkennung.

Das ist leicht gesagt, aber schwer getan und erfordert einen langen Prozess und eine ehrliche Auseinandersetzung mit den eigenen Gefühlen.

Wenn Sie in einer Mangelwahrnehmung stecken, beantworten Sie sich folgende Frage: „Was ganz genau würde ich alles tun, wenn ich ihn nicht so sehr ‚bräuchte'?" Wenn Sie es dann wissen, tun Sie etwas davon.

Freude

Machen Sie Ihrem Partner regelmäßig eine Freude mit einem Geschenk und beleben Sie so die Liebe – so lautet ein gängiger Tipp zum Erhalt der Liebe. Doch was haben Blumen am Valentinstag oder Einladungen zum Essen und andere pflichtgemäß erledigte Aufgaben wie Geburtstagsgeschenke tatsächlich mit Liebe zu tun?

Anders gefragt: Kann etwas, das dem Ausdruck der Liebe dient, die Liebe hervorbringen oder bewahren? Wohl kaum, sonst könnte man mit kleinen Geschenken die Liebe eines beliebigen Menschen gewinnen und erhalten. Wer derart mechanisch schenkt und geplante Freude bereiten will, der braucht sich nicht zu wundern, wenn sein Blumenstrauß auf Dauer keine Begeisterung hervorruft und im Extremfall sogar im Mülleimer landet.

Statt dem Partner krampfhaft eine Freude machen zu wollen, ist es besser, sich selbst eine Freude zu machen: die Freude, den Partner zu beschenken. Wenn ein Partner spürt, dass es einem selbst ein Bedürfnis ist, ihm eine Freude zu machen, kann er die Liebe in dem symbolischen Akt erkennen; und das auch unabhängig von der Art des Geschenks.

Ideal ist es demnach, wenn der Akt des Schenkens dem Schenkenden Freude macht und das Geschenk dem Beschenkten. Dazu muss es zu den Bedürfnissen des Beschenkten passen. Wenn es tatsächlich für ihn ausgewählt wurde, kann er empfinden: Ja, ich bin gemeint, es ist für mich.

Aber was, wenn gar keine Freude mehr spürbar ist? Dann bestünde eine Möglichkeit darin, dem Partner Einblick in die eigenen Sehnsüchte zu gewähren. Ihm Bilder von dem zu geben, wovon man träumt. Ihn spüren zu lassen, welche emotionalen und körperlichen Bedürfnisse man hat. Ihn wissen zu lassen, was Freude bereiten würde. Ihm mitzuteilen, wozu große Lust besteht. Vielleicht bekommt er dann Lust, seinerseits eine Freude zu machen.

Eine Geschichte

Lisa schenkt ihrem Freund Peter, der Tiere mag und früher einmal Schafe gehalten hat, ein kleines Schaf aus Stoff. Peter schüttelt den Kopf und findet den „Staubfänger" blöd. Er betrachtet den Gegenstand mit Befremden und unterstellt Lisa, sie hätte sich keine Gedanken darüber gemacht, ob er mit ihrem Geschenk etwas anfangen kann. Lisa ist betroffen und verletzt. In einem klärenden Gespräch erzählt sie, dass er öfter von der schönen Zeit mit den Schafen geschwärmt hat, und das habe bei ihr den Eindruck hervorgerufen, er würde sich über so eine kleine Erinnerung freuen. Sie sagt, es täte ihr leid, dass ihm das Geschenk nicht gefalle, sie wüsste so wenig darüber, was ihm Freude bereitet.

Peter erkennt, dass es seiner Freundin wirklich darum ging, ihm eine Freude zu machen, und dass es ihr Freude gemacht hat, in verschiedenen Geschäften nach solch einem Schaf zu suchen. Er betrachtet das Stofftierchen daraufhin mit anderen Augen und weist ihm einen besonderen Platz in seinem Zimmer zu.

Auf den Punkt gebracht

- Sind Geschenke Ausdruck der Freude und des Glücks, mit diesem Partner zusammen zu sein, erfreuen sie das Herz.
- Die Freude an einer Beziehung kann man nicht einfordern und nicht beanspruchen, sie ist vielmehr einfach eine Frage der Gegenseitigkeit.
- Die gute Tat des Partners fordert zu einer guten Tat ihm gegenüber auf. Ohne diese Gegenseitigkeit versiegt die Quelle der Freude langsam, aber sicher.

Aus der Trickkiste

Keine Freude in der Beziehung:
Scheuen Sie sich nicht, das Thema anzusprechen. Manchmal nehmen Pflichten und Zwänge in einer Beziehung zu viel Platz ein und die Freude kommt zu kurz. Erinnern Sie sich daran, was Ihnen früher Freude gemacht hat und sprechen Sie darüber, „was mir" und „was dir" jetzt Freude bereiten würde.

Wenn Freude mit dem Partner da ist:
Scheuen Sie sich nicht, Ihrer Freude Ausdruck zu geben – wann immer Sie sie empfinden. Sagen Sie ruhig häufiger: „Es freut mich, dass ..." Und bedanken Sie sich dafür bei Ihrem Partner. Solch eine Bekräftigung kann die Bedeutung der gemeinsamen Freude in der Beziehung verstärken.

Freundschaft

Noch im Mittelalter wurde die Liebe zwischen Verlobten und Eheleuten als Freundschaft bezeichnet. Damals wollte man die Leidenschaft überhaupt nicht in der Ehe haben, weil man wusste, dass Leidenschaft unberechenbar ist und es keine Gewähr für ihre Dauer gibt. Ehebeziehungen sollten daher auf stetiger, wohlwollender Zuneigung beruhen, man sollte „gut" zueinander sein, das genügte. Heute spricht kaum noch jemand von der freundschaftlichen Liebe zwischen Partnern, dabei spielt diese Liebesform nach wie vor eine große Rolle.

Was soll man sich unter freundschaftlicher Liebe zwischen Mann und Frau vorstellen? Wenn Partner sich gegenseitig in ihrer Entwicklung unterstützen, in ihren Eigenarten, wenn sie Interessen miteinander teilen und wenn sie einander gern Gutes tun, dann sind sie in freundschaftlicher Liebe verbunden. Der Freund sagt: „Ich mag deine Eigenarten, ich unternehme gern etwas mit dir und ich unterstütze dich in deiner persönlichen Entfaltung."

Therapeuten haben diese Dimension der Liebe aufgegriffen, indem sie betonen, es sei wichtig, den Partner in seinem persönlichen Wachstum zu unterstützen. Die Zeiten der freundschaftlichen Liebe sind also keineswegs vorbei, im Gegenteil. So drücken beispielsweise die Worte „Wenn es dir guttut, kannst du gern allein in Urlaub fahren", eine freundschaftliche Liebe aus. Ebenso die Aussage: „Ich liebe es, mit dir durch die Welt zu reisen oder in die Oper zu gehen." Oder die Versicherung: „Wenn du Karriere machen willst, unterstütze ich dich darin."

Der Ausdruck dieser Liebe

Es ist nicht immer einfach, solch einer freundschaftlichen Liebe Ausdruck zu geben, weil die beiden anderen Liebesformen in einer Beziehung – die partnerschaftliche und die leidenschaftliche Liebe – zu solchen Wohltaten nicht in der Lage sind. Die partnerschaftliche Liebe erwartet gleichwertige Leistungen und handelt diese aus. Die leidenschaftliche Liebe ist egoistisch, sie hat die eigenen Bedürfnisse im Fokus.

Wer beispielsweise sagt: „Bei aller Liebe – aber es passt mir nicht, dass du ein eigenes Hobby pflegst" oder: „Ich möchte, dass du auf deine Karriere verzichtest", der ist dem Partner an diesem Punkt kein Freund, weil damit weder gute Tat noch Wesensunterstützung verbunden sind. Der Partner wird aufgefordert, etwas von sich wegzugeben, was zur Folge hat, dass er sich nicht gemeint fühlt. Auf Dauer erfüllt allerdings nur eine Beziehung, in der man sich als das Individuum wahrgenommen fühlt, als das man sich selbst empfindet.

Der Freund sieht, was der andere braucht, und tritt mit seinen eigenen Interessen ein Stück zurück. Daher wird die freundschaftliche Liebe in jeder Beziehung gebraucht, denn sie ermöglicht dem Partner, seine Eigenarten zu leben und er selbst zu bleiben.

Eine Geschichte

Peter und Ilona grübeln an einem schwierigen Problem. Sie möchte unbedingt ein Semester im Ausland studieren, er ist an seinen Job gebunden und will nicht, dass sie geht, da er sie liebt. Er droht, die Beziehung dennoch zu beenden, weil er glaubt, die lange Zeit der Abwesenheit nicht ertragen zu können. Peter könnte sein Dilemma mit folgenden Fragen klären: „Was würde ich tun, wenn es sich nicht um meine Partnerin, sondern um meine beste Freundin handeln würde?" „Was müsste ich tun, wenn ich Ilona gehen lasse und die Beziehung dennoch zu bewahren versuche?" Und: „Was würde es mir ermöglichen, Ilona diese Freude zu machen?"

Auf den Punkt gebracht

- Die freundschaftliche Liebe wird in einer Beziehung gebraucht, um zwischen emotional-leidenschaftlicher (egoistischer) Liebe und partnerschaftlicher (pflichtbetonter) Liebe zu vermitteln.
- Wenn Partner sich gegenseitig fördern und einander Gutes tun, fühlen sie sich leichter „als Ich" gemeint, als das Individuum, das sie sind.
- Partner können sich Freundschaftstaten erleichtern, indem sie sich gegenseitig immer wieder Gutes tun, also sich gegenseitig Wünsche erfüllen.

Aus der Trickkiste

Sie wollen eine Freundschaftstat?

Machen Sie Ihrem Partner klar, wo und wie Sie sich von ihm Unterstützung wünschen. Erläutern Sie ihm ebenfalls, was die Sache, um die es geht, für Sie bedeutet. Vielleicht ist es ein Hobby, auf das der Partner eifersüchtig reagiert, oder ein geistiges oder politisches oder sonstiges Interesse, das der Partner nicht teilt.
Fragen Sie den anderen auch, was es ihm möglich machen oder erleichtern würde, Ihnen die ersehnte Freundschaftstat zu erweisen.

Hass

Keinem, der liebt, bleibt auf Dauer ein Quäntchen vom Hass erspart, und mitunter erlebt man ihn sehr heftig. Doch Hass ist nicht grundsätzlich ein Grund zur Sorge. Man kann nämlich nur hassen, wen man liebt, wen man lieben möchte oder von wem man geliebt werden möchte. Liebt man jemanden nicht oder will von ihm nicht geliebt werden, dann stellt sich kein Hass ein. Derjenige ist einem gleichgültig und lässt einen kalt. Hass aber ist heiß.

Hass legt eine Spur, die mit enttäuschten Erwartungen beginnt. Wer dieser Spur folgen möchte, wird dem Schmerz begegnen, dem Schmerz der Enttäuschung oder des Verlustes. Es ist nicht leicht, dieser Spur zum Leid nachzugehen, wenn der Hass in einem aufwallt. Doch wer dem Schmerz auf Dauer ausweichen möchte, der bleibt in seinem Hass gefangen.

Das Gute am Hass

Dem Hass auf den Partner lässt sich so gesehen einiges Positive entnehmen. Im Hass bäumt man sich gegen den Schmerz auf und gegen das Gefühl der Hilflosigkeit. Man will nicht hinnehmen, was geschehen ist. Man will das Selbst erhalten, wehrt sich gegen Unterordnung und Selbstaufgabe, gegen Verrat und unwürdige Behandlung. Hass bindet, weil er dann erst Ruhe gibt, wenn Frieden eingekehrt ist. Hass will besänftigt werden, nicht ignoriert. Er löst sich in Verbundenheit auf.

Verbundenheit

Die wichtigste Verbundenheit ist die mit sich selbst. Es ist daher in Ordnung, den Partner hin und wieder zu hassen. Man braucht sich dafür nicht zu verurteilen. Man kann den Hass erforschen, um seine eigenen Erwartungen klarer zu entdecken. Die zweite Verbundenheit ist die mit dem Partner. Ihm zu sagen, was man hasst, was man nicht mehr ertragen möchte, welche Erwartungen enttäuscht wurden und welche Wünsche unerfüllt blieben – das ist ein starkes Stück, das zur Selbstbestimmung dazugehört und die Gefühle zum anderen verändern kann.

Aber Vorsicht: Der Partner löst den Hass nur aus. Er ist nicht dazu da, sämtliche Erwartungen zu bedienen. Liebe kann immer nur ein Geschenk sein und keine Pflicht. Was hätte man von einer Liebe, die erzwungen werden könnte? Der Hass lässt sich nutzen, aber leiten sollte der Hass einen nicht. Dann zerstört er, was man liebt, und am Ende schadet man sich selbst.

Eine Geschichte

Luise hat Hassattacken gegen ihren Freund Georg. Immer wieder macht er sie auf Partys vor Freunden für ihre kulturellen Interessen Oper und Ballett lächerlich, stichelt gegen sie und überhäuft sie mit Ironie. Auf ihrem Geburtstag ist das wieder geschehen. Sie wirft ihm danach voller Wut den Satz „Ich hasse dich" an den Kopf und droht, ihn zu verlassen, wenn er so etwas noch einmal macht. Georg fühlt sich angegriffen und versucht, sich zu rechtfertigen, indem er Argumente gegen Oper und Ballett aufführt. Luise wird dadurch nur noch wütender, ihr Hass wächst.

Die Situation wendet sich, als Luise die Kurve bekommt und nicht mehr sagt: „Ich hasse dich", sondern: „Ich hasse das, was du tust." Doch sie bleibt in der Auseinandersetzung standfest und verlangt eine Erklärung, warum Georg sie immer wieder lächerlich macht.

Georg geht auf die Suche nach seinen Motiven und gibt schließlich zu, dass er sehr enttäuscht darüber ist, dass Luise an seinem Interesse, Sport, nicht teilnimmt, dass er sich oft verlassen, traurig und hilflos fühlt. Als er sich aufrichtig für sein Verhalten entschuldigt, kann Luise sich wieder mit ihm versöhnen. Für den Fall, dass Georg rückfällig wird, vereinbaren sie: Macht er sie nochmals lächerlich, muss er Luise drei Monate lang in Opern und Ballettaufführungen begleiten – und die Kosten für die Tickets übernehmen.

Auf den Punkt gebracht

- Von wem man nicht geliebt werden will, den kann man nicht hassen.
- Hass beinhaltet den Schmerz starker Enttäuschung.
- Hass löst sich auf, indem sich die dahinterliegende Erwartung auflöst – oder indem sie erfüllt wird.

Aus der Trickkiste

Wenn Sie sich dabei erleben, Ihren Partner zu hassen, machen Sie sich klar:
- Wofür hassen Sie ihn? Für eine Bemerkung, ein Verhalten, eine Unterlassung?
- Was haben Sie von ihm erwartet?
- Weiß Ihr Partner von Ihren Erwartungen? Tatsächlich?
- Waren diese Erwartungen nachträglich betrachtet zu hoch oder vielleicht zu unrealistisch?
- Haben Sie selbst auf irgendeine Weise dazu beigetragen, dass diese Erwartungen enttäuscht wurden?
- Was würde Sie erweichen und versöhnlich stimmen?

Intimität

Gemeinhin wird unter Intimität eine warme, stetige Form liebevoller Zuwendung und Nähe verstanden, die das Gefühl vermittelt, verlässlich miteinander verbunden zu sein, und die sich einstellt, wenn Partner schon länger zusammen sind.

In der Anfangszeit einer Beziehung, wenn die Partner verliebt sind, erleben sie jedoch eine andere, aufregendere Form von Intimität. Diese besteht darin, dem Fremden und Unbekannten zu begegnen und sich gegenseitig zu entdecken. Diese Intimität ist mit gehörigen Wagnissen verbunden, denn wer einem noch Fremden zeigt, wer und wie er ist, wer sich dem anderen anvertraut, wer Einblicke in sein Inneres gewährt, der geht das Risiko ein, abgelehnt zu werden. Umso schöner ist es dann, anerkannt und bestätigt zu sein.

Sich offenbaren

Das Wagnis dieser lebendigen Form von Intimität besteht in der Selbstoffenbarung. Dieses Wagnis gehen Verliebte wie selbstverständlich ein, weil sie sich auf die Gnade der Blindheit verlassen können, darauf, dass der andere großzügig über Differenzen hinwegsieht. Wenn sie allerdings eine Weile zusammen sind, werden beide zunehmend kritischer und damit auch vorsichtiger. Differenzen sind nicht mehr zu übersehen, die ersten Störungen der Harmonie treten auf. Was den anderen stört, wird dann leicht aus Rücksicht und um des lieben Friedens willen zurückgehalten. Mit der Zeit mutet man sich dem Partner weniger zu und vertraut sich ihm damit gleichzeitig weniger an. Das Stichwort für diese oft fatale Rücksicht lautet: Selbstverleugnung.

Wer sich dem Partner gegenüber oft und auf Dauer verleugnet, hat irgendwann keine Lust mehr auf die Beziehung und zieht sich innerlich daraus zurück. Die Partner entwickeln Distanz, ihnen geht die Nähe verloren. Jeder spielt eine Rolle und fühlt sich daher nicht gemeint und nicht gesehen. Durch zu viel Rücksicht ermüden die Partner an der Beziehung, die jetzt zunehmend langweilig und anstrengend wird, statt lebendig zu sein.

In Bezug auf Intimität gilt manchmal: Wer die Beziehung schont, kann sie verlieren, wer sie riskiert, gewinnt womöglich viel.

Eine Geschichte

Britta und Robert führen eine Beziehung mit viel Distanz. Vor allem Britta leidet unter der beruflich bedingten, manchmal wochenlangen Abwesenheit ihres Freundes. Sie versucht, stark und unabhängig zu erscheinen, versteckt den Schmerz, den sie erlebt, vor ihm und weint sich stattdessen bei ihren Freundinnen aus. Weil sie sich ihrem Freund nicht offenbart, bekommt sie mehr und mehr das Gefühl, von ihm nicht gemeint zu sein und nur einen „halben Mann" zu haben. Schließlich verliebt sie sich in einen anderen Mann, der erreichbar scheint, und stellt Robert vor vollendete Tatsachen. Dieser fällt aus allen Wolken und begreift nicht, warum Britta sich nicht offenbart hat. Sie sagt dazu: „Ich wollte doch auch, dass es mit uns weitergeht." Leider ging es auf diese Weise nicht weiter, sondern zu Ende.

Auf den Punkt gebracht

- Intimität hat zwei Seiten. Eine entsteht im Erleben von Übereinstimmung. Die andere entsteht durch die Offenbarung dessen, wer und wie man ist, also auch in der Offenbarung von Unterschieden.
- Zu zeigen, wer man im Unterschied zum Partner ist, worunter man leidet oder was einen bewegt, wird oft aus Angst zurückgehalten, die Beziehung zu gefährden – paradoxerweise wird sie oft gerade durch diese Zurückhaltung gefährdet.
- Wer als der geliebt werden will, der er ist oder der er geworden ist, muss sich auch als dieser zeigen. Denn nur dann hat sein Gegenüber eine Chance, sich diesem Individuum zuzuwenden.

Aus der Trickkiste

Bei Ermüdungserscheinungen und fehlender Intimität: Es ist an der Zeit, sich zu offenbaren. Das bedeutet womöglich, die Beziehung zu riskieren, schließlich weiß man ja nicht, wie der andere auf die eigene Wahrheit reagiert. „Ich bin nicht der, als der ich mich ausgebe ... Ich bin in Wirklichkeit ... müde ... traurig ... einsam ... sehnsüchtig ... sauer ... anderer Meinung ... Ich bin anders, ob es dir gefällt oder nicht!"

Selbstoffenbarung hilft: Damit kommt Bewegung in festgefahrene Beziehungen, und weit öfter als erwartet können sich die Partner auf die offenbarte Veränderung einstellen. Selbstoffenbarung weist den Weg zu aufregenden Formen der Intimität: zur Entdeckung fremder, irritierender oder auch faszinierender Seiten an sich und am Partner.

Liebe

Liebe ist ein großes Wort, zu dem es unzählige Definitionen gibt. Ich verzichte in der Beratung darauf, den Leuten zu sagen, was Liebe angeblich ist und was nicht. Zweifellos ist das Bedürfnis zu lieben natürlich, aber für die Art und Weise, in der es erfüllt wird, hat die Natur keine Vorgaben gemacht.

Heute sind Beziehungen individualisiert, das heißt, dass die Art, in der die Partner ihre Liebe ausdrücken, ihnen selbst überlassen ist. Deshalb habe ich es mir abgewöhnt, an eine wahre, einzige, echte, wirkliche oder wahrhaftige Liebe zu glauben. Mich interessiert vielmehr, wie ein ganz bestimmter Mensch liebt, welche Sehnsüchte er hat, wie er Verbundenheit erlebt – zu sich selbst und zu seinem Partner –, in welche Konflikte er dabei gerät und welche Lösungen sich aus diesen Konflikten ergeben. Liebe ist für mich schlicht ein Sammelbegriff, dessen Kern im Empfinden tiefer Verbundenheit mit einem Menschen liegt.

Wozu ist Liebe überhaupt nötig?

Man kann sich diese Frage durchaus stellen. Mein Erklärung hierfür lautet: Der Mensch braucht die Liebe, weil er in sich selbst, in seine Psyche und seinen Körper, eingeschlossen ist. Als Individuum führt er ein isoliertes Dasein. Dieser Getrenntheit kann er entkommen, indem er sein Bewusstsein mit etwas anderem füllt als mit der Selbstwahrnehmung. Mit Wahrnehmungen der Verbundenheit zu einem geliebten Menschen. Mit Zärtlichkeit, mit auf den anderen gerichteten Gedanken und Gefühlen, mit Sorge und Freude, Wärme und Leidenschaft. Diese tiefe Verbundenheit ist heute mehr denn je emotionaler Natur und sie läuft darauf hinaus, den anderen in seiner Einzigartigkeit anzuerkennen. Liebende sagen einander, ohne dafür Worte gebrauchen zu müssen: Du bist gut so, wie du bist, du bist wertvoll, du bist liebenswert.

Sinnvoll ist es, zwei Dimensionen der Liebe zu unterscheiden. Zum einen das Gefühl der Liebe, zum anderen die Liebeskommunikation. Das Gefühl der Liebe findet man in sich, seine Kommunikation ist indes auf die Zuwendung zum anderen angewiesen. Vom Gefühl her kann man ganz egoistisch erwarten, dass der andere die eigenen Bedürfnisse erfüllt, die Zuwendung zu ihm kann die eigene Gefühlslage allerdings verändern.

Eine Geschichte

Gudrun und Rainer sind in einen Machtkampf verwickelt. Er bezeichnet sich als häuslich, sie zieht gern um die Häuser. Jeder hat das Gefühl, den anderen zu lieben, und versteht nicht, wieso der sich dem jeweiligen Bedürfnis verweigert. Gudrun wirft Rainer vor, ein Spießer zu sein, während er ihr vorhält, oberflächlich zu sein. Die beiden zerren aneinander herum, aus Rainer platzt der Satz hervor: „Bleib doch hier, geh nicht schon wieder weg, ich liebe dich

doch!" Gudrun antwortet ohne nachzudenken: „Es kommt aber keine Liebe rüber."
Der Satz sitzt. Er zeigt, dass zwar Liebesgefühle da sind, dass deren Kommunikation aber misslingt. Der Berater fordert die beiden auf, dem jeweils anderen zu zeigen, wodurch Liebe spürbar würde.
Gudrun wünscht sich von Rainer den Satz: „Wenn es für dich so wichtig ist, auszugehen und deine wilde Seite zu leben, dann tu es." Und Rainer möchte Gudrun sagen hören: „Wenn du nicht immer mitkommen willst, dann ist das okay für mich. Du kannst aber gern mitkommen, wann immer du möchtest, du bist herzlich eingeladen."

Die beiden schauen sich daraufhin liebevoll an, sie haben verstanden. Liebesgefühle und Liebesverhalten sind nicht identisch, und die Zuwendung zum Partner erfordert es, nicht nur die eigenen Gefühle im Blick zu haben, sondern auch die des anderen.

Auf den Punkt gebracht

- Liebe gibt es gewissermaßen zweimal.
- Einmal als Gefühl: „Ich liebe dich", was so viel heißt wie: „Ich will etwas von dir."
- Zum Zweiten als liebevolle Kommunikation, was so viel heißt wie: „Ich sehe dich und gehe auf dich ein."

Aus der Trickkiste

Wenn Sie sich nicht geliebt fühlen, prüfen Sie nach:
- Was verberge ich vor meinem Partner? Was kann ich ihm nicht zeigen oder vor ihm nicht tun?
- Was verbiete ich mir aus Angst, ihn zu verletzen oder die Beziehung zu schädigen?
- Was sollte mein Partner von mir wissen und über mich begreifen? Teilen Sie ihm mehr davon mit.

Oftmals ist das Gefühl, vom Partner geliebt zu werden, beeinträchtigt. Man denkt: „Er/sie sieht mich nicht, wie ich bin!" Das wird stimmen. Doch der Partner kann nur sehen, was man selbst zeigt; und darüber hinaus nur dann, wenn man es so zeigt, dass er es auch versteht.

Männer und Liebe

Männer erleben die Liebe anders als Frauen. Nicht etwa deshalb, weil die Evolution den Geschlechtern verschiedene Vorgaben bezüglich ihres Liebeserlebens machen würde. Sondern weil im Laufe der Geschichte ein Rollenverhalten entstanden ist, das Männern und Frauen unterschiedliche Erfahrungen mit der Liebe beschert hat. Wie sehen diese Erfahrungen normalerweise für einen Mann aus?

Frühe Prägungen ...

Der erste Mensch des anderen Geschlechts, den ein Mann in seinem Leben liebt, ist seine Mutter. Ihr bewundernder Blick auf den Jungen als „kleinen Mann" trägt wesentlich zum Aufbau seiner geschlechtlichen Identität bei. Doch die Mutter ist für ihn viel mehr: Sie ist Allmacht, ihr musste er sich unterordnen. Oft versteckte er sich vor ihrem kontrollierenden Blick in sein Inneres oder flüchtete vor ihr. Dadurch verbindet sich für ihn Liebe mit der Erfahrung der Enge und dann auch der Flucht.

... und ihre späteren Folgen

Den Zusammenhang von Liebe und Enge nehmen Männer dann unweigerlich mit ins Erwachsenenleben. Das heißt, dass ein Mann, der liebt, früher oder später befürchtet, beengt zu werden. Die Klagen der Männer – Frauen lassen uns keine Ruhe, sie wollen ständig Aufmerksamkeit, alles soll sich um sie drehen, sie sind nie zufrieden – sprechen diesbezüglich Bände.

Um der befürchteten Enge vorzubeugen, hält der Mann die Frau auf Abstand. Er sucht seine Freiheit, und die ist da, wo die Frau nicht ist. Er lässt seine Frau nicht zu nah an seine Gefühlswelt heran. Damit

setzt der Mann ungewollt eine Dynamik in Gang, denn seine Distanziertheit trifft auf die Befürchtung der Frau: „Ich werde vernachlässigt." Er provoziert die Frau ungewollt, sich immer wieder neu seiner Liebe zu vergewissern, indem sie ihn bedrängt und damit tatsächlich allmählich einengt.

Wie bereits erwähnt handelt es sich hier um Rollenverhalten und nicht um sogenanntes natürliches Verhalten. Die Rollen können sich also auch umdrehen: Dann zieht sich die Frau zurück und der Mann fühlt sich vernachlässigt. (Mehr über die Zusammenhänge von Enge und Mangel in meinem Buch „Wie Männer und Frauen die Liebe erleben" .)

Auf den Punkt gebracht

● Die geschlechtsspezifische Wahrnehmung der Liebe bezüglich Mangel und Enge wirkt in fast jeder Beziehung.
● Durch den Versuch, Beengung zu vermeiden, provoziert der Mann eine Reaktion, die er eigentlich vermeiden möchte: Die Frau ist verunsichert und bemüht sich um ein Zeichen von ihm. Sie bedrängt ihn.
● Im Konfliktfall stehen sich diese beiden Verhaltensweisen gegenüber und schaukeln sich weiter hoch: Je mehr er sich verschließt, je ungreifbarer er wird, desto mehr bemüht sie sich, und je mehr sie sich bemüht, desto ungreifbarer wird er.

Aus der Trickkiste

Der Ausweg für den Mann: Der Mann müsste sich so verhalten, als ob er die Frau nicht „so sehr" brauchen würde. Dann würde es ihm leichter fallen, sich mit seinen Gefühlen in der Beziehung zu behaupten statt zu fliehen. Wenn er fünfzig Prozent der Gefühlswelt in seiner Beziehung für sich beansprucht, bekommt er innere Freiheit und seine Frau die ersehnte Orientierung.

Wenn Sie in der Engewahrnehmung stecken, beantworten Sie sich folgende Frage: „Was würde ich tun, wenn es sich nicht um meine Frau, sondern um einen Freund handeln würde? Was würde ich mir nicht mehr bieten lassen? Was würde ich ihr endlich klarmachen?" Tun Sie etwas davon.

Selbstlose Liebe

Die Vorstellung einer selbstlosen Liebe ist bei vielen sehr beliebt. Sicherlich auch deshalb, weil sie denjenigen, der vorgibt, auf diese Weise zu lieben, veredelt und über sich selbst erhebt.

Ein hehres Ideal

Natürlich haben Ideale ihren Sinn. Sich am Ideal der selbstlosen Liebe zu orientieren, mag dann angebracht sein, wenn man dem Partner allzu egoistisch gegenüber auftritt und selbstsüchtig versucht, auf die Liebe zu pochen, ohne den anderen im Blick zu haben und seine Verfassung zu berücksichtigen. Umgekehrt kann das Ideal dazu führen, sich zu überfordern, etwa indem man sich übertrieben zurücknimmt, seine Bedürfnisse leugnet oder sich dem anderen unterordnet.

Was sagt die Realität?

Gibt es in der Praxis selbstlose Liebe? Ich denke nicht. Schließlich ist schon die Aussage „Ich liebe selbstlos" in sich widersprüchlich. Wie kann ein Ich selbstlos sein, da es doch allein durch Abgrenzung entsteht, durch die Unterscheidung vom Du? Kann das Ich überhaupt etwas anderes als das Eigene im Sinn haben? Wobei zum Eigenen selbstverständlich auch das Bedürfnis nach Liebe gehört.

Darüber hinaus: Wozu sollte eine selbstlose Liebe gut sein? Eine Liebe, die nur den anderen im Blick hat und von sich selbst absieht? Eine Liebe, in der es aus Sicht des anderen dann kein Gegenüber gibt, an dem er sich reiben, mit dem er sich auseinandersetzen und mit dem er wieder zusammenkommen kann?

Der Sinn der Liebe

Die Aufgabe der Liebe besteht aus meiner Sicht darin, den Menschen aus den Grenzen seines Ich, aus der Isolation in sich zu befreien. Liebe findet statt, wenn das Bewusstsein statt von der Selbstwahrnehmung von der Wahrnehmung der Verbindung zum anderen erfüllt ist.

Man mag das als Auflösung des Ich bezeichnen, weil es sich so anfühlt. Diese Auflösung geschieht allerdings, indem man sich auf die Verbindung zum Du konzentriert, nicht aber auf das Du. Das Du lernt man nie vollkommen kennen. Kein noch so intensiv Liebender wird je in die Psyche, in das Gehirn, in den Körper seines Gegenübers eintreten können.

Doch in der Verbindung zu ihm kann er sich auflösen, ohne je wirklich zu verschwinden. In der Verbindung kann er sich verlassen und dennoch bei sich bleiben, kann er von sich weggehen und dennoch zu sich zurückkehren.

Auf den Punkt gebracht

- Liebe gleicht in der heutigen Zeit nicht länger einer ewigen Verschmelzung, sondern vielmehr einer Kette von vielen Begegnungen.
- Die Liebe zweier Menschen, die Liebe von Individuen also, erfordert zwei voneinander getrennte Personen (mehr dazu in meinem Buch „Die Liebe der Individuen", siehe „Bücher und Adressen" Seite 143).
- Für uns heute gilt: Nur Getrennte, also sich getrennt voneinander Wahrnehmende, können lieben, nur Nicht-Verbundene können sich verbinden. Und damit rückt selbstlose Liebe ins Reich der bloßen Ideale.

Aus der Trickkiste

Bei Gefahr der Manipulation: In der Praxis der Beziehung soll die Behauptung der Selbstlosigkeit den Partner oft zum Einlenken oder Nachgeben bewegen. Man behauptet dann: „Ich habe das alles nur für dich getan." Oder vielleicht „Ich wollte doch nur, dass du glücklich bist."
Der andere wird sich gegen diese Behauptung verwahren, weil er spürt, dass er damit manipuliert werden soll. Wenn Sie sich bei solch einem Versuch ertappen, sollten Sie den Begriff der selbstlosen Liebe fallen lassen und Ihre Aussage umformulieren.

Konstruktivere Aussagen helfen: „Ich habe das alles für unsere Beziehung getan", ist wesentlich näher an der Wirklichkeit. Denn selbst wenn man etwas für den anderen tut, dann macht man es, weil man eine Beziehung zu ihm haben will – und nicht aus reiner Selbstlosigkeit.
Sprechen Sie also besser davon, was Sie „für die Beziehung" tun, statt zu behaupten, Sie würden selbstlos lieben. Sie werden sehen, dass Ihr Partner das sehr viel leichter annehmen kann als einen Versuch, sein Verhalten auf Ihre Bedürfnisse hin auszurichten.

Vertrauen

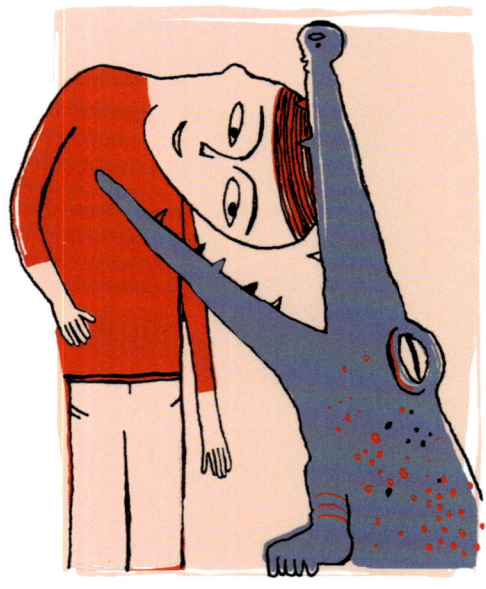

Wer dem Partner vertraut, der verlässt sich auf ihn. Der Satz „Ich verlasse mich auf dich" ist äußerst aufschlussreich. Er zeigt seine tiefere Bedeutung, wenn man die beiden letzten Worte streicht. Dann wird daraus: „Ich verlasse mich."

Offensichtlich ist es ein großes Bedürfnis von Partnern, von sich Abstand zu nehmen und sich dem anderen anzuvertrauen. Wer das Risiko zu vertrauen eingeht, wird mit Geborgenheit und Sicherheit belohnt. Auf den Schwingen des Vertrauens fühlt man sich getragen. Ein anderes Bild sagt: „Ich kann mich anlehnen, mein Partner lässt mich nicht fallen, er hält mich."

Ein Geschenk für beide

Vertrauen zu schenken ist die Voraussetzung dafür, Liebe zu empfinden. Wer nicht vertraut, wer dauernd in Hab-acht-Stellung bleibt, wer dauernd prüfen muss, ob genug Verlässlichkeit besteht, der kann nicht loslassen, sein Herz nicht öffnen und nicht im Meer des Vertrauens schwimmen. Man schenkt also im Grunde weniger dem anderen als sich selbst etwas, wenn man dem Partner Vertrauen schenkt.

Wer Vertrauen schenkt und wer einen anderen liebt, der liefert sich auch aus. Die Aussage „Ich schenke dir Vertrauen" überlässt es dem Partner, was er mit diesem Geschenk anfängt. Wenn er dem Vertrauen, das in ihn gesetzt wurde, nicht gerecht wird, kann man ihm kaum einen sinnvollen Vorwurf machen. „Geschenkt ist geschenkt" sagt der Volksmund weise.

Weil Vertrauen ein Vorschuss in eine erwartete positive Entwicklung ist, kann es gebrochen werden. Für die Liebe gibt es keine Garantie, sie kann enden, und meist endet sie bei einem Partner und der andere fällt aus allen Wolken. Der Schock des Absturzes mag ihn aus der Fassung bringen oder ins Bodenlose stürzen lassen. Dann ist es zwar verständlich, sich betrogen zu fühlen und übel zu nehmen, aber dennoch gilt: „Ich habe mich auf dich verlassen, weil ich das Gefühl zu vertrauen brauchte."

Gebrochenes Vertrauen heilt, wenn man sich verzeiht, es geschenkt zu haben. Man muss also gnädig mit sich sein. Es kann auch heilen, wenn der Partner einsichtig und zu einer Wiedergutmachung bereit ist. Allerdings gilt: Wer sich eines Geschenkes wiederholt nicht als würdig erweist, dem braucht man es nicht mehr zu geben.

Auf den Punkt gebracht

- In Beziehungen kann Vertrauen schnell gebrochen werden. Eine scheinbar arglose Bemerkung oder ein nicht gehaltenes Versprechen genügen oftmals schon.
- Wer bemerkt, dass er sein Vertrauen in den Partner verliert, sollte dies ansprechen. Ziel der Auseinandersetzung wäre in diesem Fall, sich mit dem Partner darüber zu verständigen, worauf jeder vertrauen kann und worauf nicht.
- Bei enttäuschtem Vertrauen gibt es selten schnelle Lösungen. Es mag einige Zeit, etliche Gespräche und haltbare neue Abmachungen erfordern, bis wieder Vertrauen entsteht und wächst.

Aus der Trickkiste

Wenn Misstrauen besteht, machen Sie sich gemeinsam mit dem Partner klar:
- Worauf haben Sie bisher vertraut?
- Wessen sind Sie sich nicht mehr sicher?
- Worauf genau möchten Sie zukünftig vertrauen können? Formulieren Sie konkrete Erwartungen. Etwa: „Ich möchte darauf vertrauen können, dass du sofort anrufst, wenn du verhindert bist." Das ist besser als das vage: „Ich möchte darauf vertrauen können, dass du verlässlich bist."
- Stellen Sie fest, was Sie einander versprechen können.

Wenn es zu einem Vertrauensbruch gekommen ist, machen Sie sich gemeinsam mit dem Partner klar:
- Worin hat Vertrauen bestanden?
- Wodurch ist es gebrochen worden?
- Wer trägt die Verantwortung dafür?
- Was müsste geschehen, damit der Bruch wiedergutgemacht wäre?
- Welche Vereinbarungen können Sie treffen, denen beide zustimmen?

Nähe und Distanz

In Verhältnissen wie den heutigen, in denen Emotionen eine große Rolle in Beziehungen spielen, kommt der Balance von Nähe und Distanz große Bedeutung zu. Viele Partner finden sie in Formen der distanzierten Beziehung. Man kann getrennte Betten haben, getrennte Konten, Freundeskreise oder Wohnungen und dennoch in Beziehung miteinander sein. Man ist zur alltäglichen Nähe nicht gezwungen und kann sich so eine Menge Ärger ersparen.
Andere bevorzugen die Alltagsbegleitung und erleben dabei eine andere Distanzform: die des psychischen Abstands. Dies ist schwieriger zu handhaben. So sind gerade diejenigen, die sich dafür entschieden haben, den Lebensalltag miteinander zu teilen, besonders dabei gefordert, dem Bedürfnis nach Nähe und dem nach Abstand gerecht zu werden. Immer geht es dabei auch um die Frage der Individualität: Verbindung und Selbstbehauptung, Zuwendung und Selbstoffenbarung sind die beiden Extreme, zwischen denen Partner pendeln.

Abneigung

Zum Partner neigt man sich gewöhnlich hin, man hegt Zuneigung. Neigt man sich in bestimmter Hinsicht von ihm ab, mag man darüber erschrecken. Doch es wird einen Grund dafür geben. Die Frage hinter einer beginnenden Abneigung lautet in den meisten Fällen schlicht: „Was will ich nicht länger ertragen?"

Sind es vielleicht Rituale, die zu einer leeren Gewohnheit geworden sind? Das gemeinsame Frühstück ohne wirklichen Kontakt? Vielleicht sind es lästig gewordene Verpflichtungen? Oder bedeutungslos gewordene Versprechen? Oder bestimmte Verhaltensweisen des Partners?

Was immer es ist, jede Abneigung sollte beachtet und respektiert werden. Denn wird sie ignoriert, kann sie sich zu einem inneren Abstand auswachsen, der dann nur noch schwer zu überbrücken sein wird.

Wer die Zeichen einer beginnenden Abneigung ignoriert und um des lieben Friedens willen schweigt, der muss sich nicht wundern, wenn er eines Tages beim Ekel landet. Ekel ist ein Abwehrmechanismus, er soll dafür sorgen, dass man sich von etwas fernhält. Ekelt man sich, ist einem etwas zu nahe gekommen. Ekel kann also sinnvoll sein. Er macht etwas, das man vielleicht längst hätte tun sollen: Er stellt Distanz her.

Offensive Klärung

Eine Abneigung passiert unabhängig davon, was man über eine Sache denkt, meint oder wie man glaubt, sich dem Partner gegenüber verhalten zu sollen. Gegen seine Gefühle kommt niemand an. Den Mundgeruch des Partners kann man sich nicht schönreden, und das Nasenbohren mag man sich nicht anschauen oder sein peinliches Verhalten in der Öffentlichkeit nicht gut finden. Es gibt auch keinen Grund – außer der Angst vor Konflikt und Streit oder davor, den anderen zu verlieren –, so etwas zu ertragen.

Vielmehr kann man sich zum Verhalten des Partners verhalten und tut das am besten auf eine offensive Art und Weise. Schließlich macht derjenige, der eine Abneigung entwickelt, bisher eine gute Miene zu einem für ihn bösen Spiel, und das nicht erst seit heute, sondern schon länger. Die Lösung liegt dann nicht darin, den Partner anzuklagen, sondern darin, sich eine Sache klipp und klar deutlich zu machen: „Was will ich nicht mehr ertragen?" Spricht man diese schlichte Wahrheit aus, mag eine Auseinandersetzung beginnen, die – wenn sie konstruktiv verläuft – zur Klärung der Frage führt, wie beide zukünftig mit dem besagten Thema umgehen wollen.

Besonders hilfreich bei dieser Klärung kann es sein, wenn man deutlich macht, was positiv ist. Dann fragt man nicht mehr so stark nach der Abneigung, sondern geht der Frage nach, welchen Dingen man sich zuneigen möchte oder was man ertragen könnte. Ob der Partner diesen Weg mitgehen will und wenn ja, unter welchen Bedingungen, diese Klärung kann dann Teil der weiteren gemeinsamen Auseinandersetzung sein.

Auf den Punkt gebracht

- Abneigung ist ein Warnsignal. Wird sie ignoriert, kann sie sich bis hin zu einem Ekel verdichten.
- Eine Abneigung sollte ernst genommen und untersucht werden.
- Der erste Schritt zur Klärung ist die einfache, klare Frage: „Was will ich nicht mehr ertragen?"

Aus der Trickkiste

Abneigung kann sich auf große oder kleine Dinge beziehen. Bei beiden gilt gleichermaßen: Sobald einem Partner auffällt, dass er eine Abneigung entwickelt, sollte er mit dem anderen darüber sprechen. Ziel einer solchen Auseinandersetzung wäre es, konkrete Abmachungen zum Umgang mit dem Thema zu treffen.

Das könnte zum Beispiel heißen:
- Fußnägel werden ab jetzt nur noch im Bad geschnitten.
- In der Öffentlichkeit oder vor Freunden kritisieren wir uns nicht, Kritik machen wir unter uns aus.
- Wenn du Mundgeruch hast, küsse ich dich nicht, ich weise dich dann darauf hin.

Distanz

Wer mag seinem Partner schon sagen, dass er manchmal froh wäre, ihn eine Weile nicht zu sehen? Dabei wäre das oft nötig, um wieder auf ihn zugehen zu können. Wer traut sich, seinem Partner auf die Frage „Liebst du mich?" zu antworten „Heute noch nicht!" oder einfach zu sagen „Heute brauche ich Zeit für mich"?

Distanz ist bei Partnern meist nicht gut angesehen. Dabei ist Distanz eine Voraussetzung der Liebe. Individualität bedeutet, anders als andere und anders als der Partner und damit isoliert zu sein; und um diese Getrenntheit zu überwinden, wird die Liebe gesucht und dabei die Distanz überwunden. Zwar sucht Liebe die Nähe, aber das Individuum braucht ebenso den Abstand, braucht es, sich unabhängig vom Partner als eine eigenständige Person zu erleben.

Zwei Arten von Distanz

Grundsätzlich kann man zwei Formen der Distanz unterscheiden: die räumliche und die psychische. Die räumliche Distanz mag in getrennten Zimmern oder gar getrennten Wohnungen bestehen, in getrennter Freizeit oder getrennten Urlauben. Dieser Abstand ist einfacher zu halten, man ist auseinander und kann sich nacheinander sehnen. Davon profitiert die Leidenschaft. Allerdings ruft die Partnerschaft nach alltäglicher Nähe, und wer mit seinem Partner zusammenleben will, der braucht ab und zu psychische Distanz. Diese Distanz ist schwieriger einzunehmen. Sie bedeutet: „Ich bin anders als du – ob dir das gefällt oder nicht." Dann muss man es aushalten, nicht ständig nah zu sein, sich nicht ständig aufeinander zu beziehen, nicht einer Meinung zu sein. Und wer kann schon mit Sicherheit davon ausgehen, dass er dem Partner weiterhin gefällt, wenn er zeigt, inwieweit er anders ist?

Lässt sich Distanz vermeiden? Wohl kaum. Wer sie meidet, stellt irgendwann fest, sie dennoch zu haben. Dann sitzt er vielleicht direkt neben dem Partner, ist aber innerlich weit von ihm entfernt. Oder er schläft mit ihm, ohne ihm zu begegnen. Es ist noch keinem Partner folgenlos gelungen, sich für die Liebe aufzugeben. Umgekehrt wird ein Schuh daraus. Wer zeigt, dass er anders ist und wie er ist, verschafft sich die Chance, als dieser geliebt zu werden.

Eine Geschichte

Lara und Ingo wollen „Nägel mit Köpfen" machen. Wenige Wochen nach dem Kennenlernen ziehen sie in eine gemeinsame Wohnung. Kurz darauf beginnen die Streitereien, die immer gleich enden. Entweder schläft er bei seinem Freund oder sie bei einer Freundin. Nach zwei oder drei Tagen kommen sie wieder zusammen und dann ist es so, als ob nichts geschehen wäre.

Nach einem halben Jahr haben es die beiden begriffen: Sie hängen einfach zu dicht aufeinander. Jeder fühlt sich vom anderen kontrolliert, selbst wenn dieser überhaupt keine Kontrolle ausübt. Die Enge kommt von innen, nicht vom Partner. Sie beschließen, mit der Frage „Wie kann sich jeder in der Beziehung frei fühlen" zu experimentieren. Als ersten Versuch vereinbaren sie, scheinbare Selbstverständlichkeiten wie gemeinsame Freizeitaktivitäten aufzulösen. Ab sofort gilt: verabreden.

Auf den Punkt gebracht

- Distanz ist eine unabdingbare Voraussetzung für Liebe.
- Nur wer sich ab und an Abstand verschafft, kann sich als Individuum wahrnehmen und neu Nähe suchen.
- In räumlicher Distanz erlebt jeder etwas Eigenes und kann sich nach dem anderen sehnen. Das erhält die Leidenschaft.
- Zeiten psychischer Distanz sind vor allem dann nötig, wenn beide Partner zusammenleben. Psychische Distanz betont die Unterschiedlichkeit der Partner.
- Ohne Distanz ist keine Beziehung möglich. Wer sie zu vermeiden sucht, wird irgendwann schmerzhaft feststellen, sie unterschwellig doch zu leben.

Aus der Trickkiste

Bei ungewollter Distanz: Wenn Distanz ungewollt entsteht und zum Problem wird, sollten Sie sich einige Fragen stellen:
- Was kann ich in Gegenwart meines Partners nicht zeigen oder sein?
- Was verbiete ich mir, wenn ich mit meinem Partner bin? Das können Gedanken, Gefühle, Fantasien sein oder ein konkretes Verhalten.

Bei zu viel Nähe: Wenn Distanz vermieden wird und sich die Partner auf die Nerven gehen, sind ebenfalls ein paar Fragen angebracht:
- Wofür will ich mir die Erlaubnis geben?
- Was möchte ich am liebsten einmal ohne den Partner tun?
- Welche Vorschläge will ich dem Partner für mehr Abstand machen?

Geheimnisse

Vor Kurzem erklärte mir eine Psychologin, sie und ihr Partner hätten keine Geheimnisse voreinander. Ich war sprachlos, was selten vorkommt. Wie kann man in einer Beziehung keine Geheimnisse voreinander haben? Doch nur dann, wenn der Partner von jedem Gedanken, von jedem Gefühl, von jeder Wahrnehmung erfahren würde. Nur wie sollte das möglich sein? Soll er etwa zwei Leben gleichzeitig führen, sein eigenes und das des Partners? Das ginge schon aus Zeit- und Kapazitätsgründen nicht.

Niemand weiß alles vom andern

Fest steht vielmehr: Auch eine Liebesbeziehung braucht Geheimnisse. Dem besten Freund oder der besten Freundin erzählt man Dinge, die man dem Partner gegenüber verheimlicht. Beispielsweise, wen man sonst noch attraktiv findet und mit wem man sich vorstellen könnte, eine Nacht zu verbringen, auch wenn man nicht beabsichtigt, das zu tun.

Kommunikation beruht immer auf einer Auswahl, und so erfährt der Partner nur, was man ihn wissen lässt und woran man ihn teilhaben lassen möchte. Man könnte dem Partner so vieles mitteilen, doch über das meiste schweigt man sich aus, und das ist gut so. Könnten Partner Gedanken lesen, gäbe es wohl keine Liebesbeziehungen.

Daher gibt es immer Geheimnisse, und sie werden in einer Beziehung unbedingt gebraucht. Durch das Geheimnis bleibt die eigene Identität erhalten. Allein deshalb, weil niemand anderes in meinen Kopf und in meine Gefühle blicken kann, existiere ich als Individuum. Das Geheimnis grenzt einerseits vom anderen ab, andererseits lässt es Neugier entstehen und hält das Interesse am Partner lebendig.

Vertrauen und Geborgenheit

Was in einer Beziehung jedoch gebraucht wird, ist der Eindruck, keine Geheimnisse voreinander zu haben, zumindest keine großen. Dieser Eindruck entsteht aber nur, indem man sich vieles nicht mitteilt, nämlich all das, was diesen Eindruck stören würde. Aufgrund dieses Eindrucks kann man sich sicher und geborgen fühlen und muss nicht fürchten, im nächsten Moment mit etwas Unerwartetem konfrontiert zu werden.

Geheimnisse bergen natürlich Risiken, beispielsweise das, unfreiwillig gelüftet zu werden. Wenn sich dadurch eine Lüge oder ein Betrug erweist, kann die Beziehung daran zerbrechen. Die Preisgabe eines bisher gehüteten Geheimnisses kann die Beziehung aber auch beleben. Und bei jedem Geheimnis, das preisgegeben wird, rücken andere nach. Die Produktionsstätte für Geheimnisse liegt dort, wo persönliche Veränderung stattfindet – im Unbewussten, im nicht zu kontrollierenden Gefühlsbereich der Individuen. Gut, dass man nicht alles vom Partner weiß.

Eine Geschichte

Kurt will von seiner Freundin wissen, mit wie vielen Männern sie geschlafen hat. Julia zögert mit der Antwort, sie fühlt instinktiv, dass es besser wäre, dies als Geheimnis zu bewahren. Kurt bohrt, und als Julia schließlich sagt, sie wüsste es nicht so genau, es wären wohl über 30, ist Kurt schwer getroffen. Später sagt er, sie hätte ihm besser nicht die Wahrheit gesagt oder sich schlicht und einfach mit den Worten behauptet: „Das bleibt mein Geheimnis."

Auf den Punkt gebracht

- Jede Beziehungsform hat andere Geheimnisse. Ein Freund erfährt Dinge nicht, die man dem Partner erzählt, und der Partner erfährt Dinge nicht, die man einem Freund erzählt.
- Geheimnisse werden gebraucht, sie beschützen die Beziehung und machen es möglich, den Eindruck zu erzeugen, man hätte keine Geheimnisse voreinander.
- Wer wichtige Dinge geheim hält, von denen er weiß, dass sie den Partner betreffen oder verletzen, geht das Risiko der Entdeckung ein. Dann wartet unter Umständen eine heftige Auseinandersetzung auf ihn.
- Jeder Partner hat das Recht darauf, Geheimnisse vor dem anderen zu haben. Es ist manchmal besser, solche Dinge nicht zu sagen, die der andere besser nicht gehört haben möchte.

Aus der Trickkiste

Wenn Sie vor der Entscheidung stehen „beichten oder nicht?", beantworten Sie sich folgende Fragen:

- Gibt es eine Vereinbarung in Bezug auf den Punkt, den ich geheim halte?
- Hat die Sache Bedeutung für die Beziehung?
- Wie wird mein Partner reagieren, wenn ich das Geheimnis offenbare?
- Wie wird mein Partner reagieren, wenn er auf eine andere Weise hinter das Geheimnis kommt?
- Mit welchen Folgen glaube ich besser leben zu können?

Selbstverantwortung

Eine Beziehung zu haben stellt eine große Versuchung dar: die Versuchung, den Partner für sein Leben, seine Gefühle, seine Frustrationen, seine Enttäuschungen, die Erfüllung seiner Zukunftspläne – kurzum für sein persönliches Glück – verantwortlich zu machen. Hinzu kommt die Versuchung, sich vom anderen für dessen Glück verpflichten zu lassen.

Wer dieser Versuchung erliegt, macht den Partner für seine Zustände und Empfindungen verantwortlich oder lässt sich eine Verantwortung aufbürden, die nicht zu erfüllen ist. Der Einzelne wird über Gebühr beansprucht und die Beziehung wird ihm alsbald zur Last.

So erfuhr eine Frau, die ihre bisherigen Männer als Egoisten bezeichnet hatte, am eigenen Leib, was es bedeutet, die Verantwortung für jemandes Glück aufgeladen zu bekommen. „Er erklärte mir seine Liebe. Er sagte, er wäre endlich am Ziel seiner kühnsten Träume angekommen. Ab jetzt würde er nur noch für mich leben. Er schwor mir, jeden Wunsch zu erfüllen. Ich wäre jetzt alles, was für ihn zählt ... Doch anstatt mich zu freuen wurde mir flau, und ich wurde weiß wie eine Kalkwand."

Der berühmte Klotz am Bein

Wenn der andere verkündet, als eigenständiger Mensch nicht mehr existent zu sein, wenn man zum Sinn und Zentrum seines Lebens wird, fühlt man sich von ihm eingeengt oder angekettet. Und wer den umgekehrten Weg geht und sich dem anderen verspricht, wer glaubt, ihn auf Händen tragen zu müssen, der kann bald keinen eigenen Schritt mehr tun. Sein Partner wird ihn manipulieren, damit er ihn dorthin trägt, wo er hin möchte. Manche beschreiben einen unselbstständigen Partner als „Klotz am Bein", der sie in ihrer Bewegungsfreiheit behindert und den sie „abschütteln" wollen. Es ist ein verbreiteter Irrtum zu glauben, Beziehungen könnten rundum glücklich machen. Zum Leben gehört mehr, etwa der Beruf, Freunde und alles, was einen vom

Partner unterscheidet. Außerdem ist es wichtig, eine gute Beziehung zu sich selbst zu haben. Wer sich nicht mag oder seiner selbst unsicher ist, der erwartet womöglich vom Partner die Bestätigung, die er sich selbst nicht zu geben in der Lage ist.

Auf den Punkt gebracht

- Partner sind grundsätzlich für ihre Gefühle und Zustände selbst verantwortlich. Diese Verantwortung ergibt sich aus dem Fakt, dass der andere einem kein Gefühl geben kann. Er kann zwar schöne oder mitunter heftige Gefühle auslösen, doch um welche Gefühle es sich dabei handelt, das liegt an demjenigen, der das Gefühl entwickelt.
- Der Begriff „Selbstverantwortung" ist sehr präzise: Man selbst antwortet, man selbst reagiert mit Deutungen und Gefühlen auf die Handlungen des anderen.
- Es stimmt, dass eine gute Beziehung zu sich selbst die Unabhängigkeit vom Partner stärkt und damit gleichzeitig die Bereitschaft, sich auf ihn einzulassen.
- Es stimmt nicht, dass man sich erst selbst lieben muss, um einen Partner lieben zu können. Wie es geht, einen Partner zu lieben, das lernt man in einer Beziehung und nicht außerhalb davon.

Aus der Trickkiste

Wie steht es um Ihre Selbstverantwortung? Die folgenden Sätze sind Zeichen einer echten Eigenständigkeit, in der man Verantwortung für sich übernimmt und dem Partner das Gleiche zugesteht. Können Sie diesen Aussagen zustimmen? Könnten Sie die Sätze Ihrem Partner gegenüber aussprechen?

- Ich möchte nicht alles für dich sein.
- Ich möchte nicht, dass dein Glück von mir allein abhängt.
- Ich möchte dich nicht auf Händen tragen, du musst schon selbst laufen.
- Ich bin nicht da, um dich glücklich zu machen.
- Du bist nicht da, um mich glücklich zu machen.
- Wenn es dich glücklich macht, dass ich da bin, freut mich das.
- Es macht mich sehr glücklich, mit dir zu sein.

Selbstwert

Der Begriff „Selbstwert" meint die Empfindung und Überzeugung, unabhängig von der Bestätigung anderer wertvoll zu sein.
Das ist paradox, denn wenn Kinder heranwachsen, erfahren sie ihren Wert durch die Reaktionen der Erwachsenen. Die einfachste und natürlichste Art, Kindern ihren Wert zu vermitteln, besteht darin, sie zu lieben. Der Einzelne erfährt seinen Wert also durch andere, aus deren Verhalten er seinen Selbstwert ableitet.

Das Ja des Partners

In einer Paarbeziehung setzt sich diese Fremdbestätigung fort, dort wird das individuelle So-Sein durch die Liebe des Partners bestätigt, und zwar in einer tiefen und emotionalen Weise, in der das in keiner anderen Beziehungsform, auch nicht der Freundschaft, geschehen kann. Der Partner geht in einzigartiger Weise auf Gefühle, Bedürfnisse, Lebensträume, Ängste, Hoffnungen und Interessen ein. Und zwar nicht nur auf solche, die bei beiden Partnern gleich sind, sondern er bringt auch Verständnis für individuelle Eigenarten des anderen auf. Im Grunde gibt es demnach keinen Selbstwert ohne Fremdbestätigung. Die Frage ist allerdings, ob man seinen Selbstwert von der Bestätigung eines ganz bestimmten Menschen oder einer ganz bestimmten Gruppe abhängig macht. Wenn man es tut, dann sind Abhängigkeit und Verlust des Selbstwertgefühls bereits vorgezeichnet.

Das echte Selbst zeigen

In der Paarbeziehung liegt die Versuchung nahe, sich so zu verhalten, dass man Bestätigung findet, und all das zu verbergen, wofür man Ablehnung befürchtet. Wer sich aber so auf seinen Partner ausrichtet, dass er sich selbst dabei verleugnen muss, verliert nach und nach sein Selbstwertgefühl. Er versucht, dessen Erwartungen zu erfüllen, dessen Wünsche zu erahnen, dessen Sehnsüchte wahr werden zu lassen, und hält sich selbst zurück.
Er geht dabei nicht nur sich, sondern auch seinem Partner verloren. Denn jetzt hat der Partner kein Gegenüber, an dem er sich reiben und erkennen kann – und damit natürlich auch niemanden, den er lieben kann. So verliert der Selbstverleugner die Liebe gerade im verzweifelten Versuch, sie zu bekommen.

Selbstverleugnung macht aggressiv

Die Reaktion auf Selbstverleugnung kann auf beiden Seiten ähnlich sein. Wer sich verleugnet, entwickelt Aggression auf sich oder seinen Partner, und so geht es auch dem, der kein Gegenüber mehr hat. In diesen Emotionen zeigt sich dann das Bedürfnis, dem „echten" Selbst zu begegnen, dem Selbst, das sich um der Liebe willen weder anpasst noch verleugnet. Diese Emotionen lassen sich nutzen, sie stammen von dem „Selbstbewussten", der ganz selbstverständlich über Selbstwert verfügt.

Nähe und Distanz

Eine Geschichte

Pascal und Anne führen seit Jahren eine harmonische Beziehung. Doch Pascal wirft seiner Freundin in letzter Zeit immer öfter vor, dominant zu sein und alles bestimmen zu wollen. Anne versteht nicht, was er meint, und verwahrt sich gegen diese Vorwürfe. Es kommt immer häufiger zu Spannungen und Streit.

Pascal platzt schließlich eines Tages der Kragen und er packt auf den Tisch, was ihn nervt. Die Liste reicht von der Farbe der Vorhänge bis zur Auswahl des Urlaubsortes. Anne reagiert ganz anders, als von ihm erwartet. Statt sich zu rechtfertigen, sagt sie: „Warum hast du mir das nicht längst gesagt? Ich habe das alles arrangiert, weil von dir nichts gekommen ist. Ich dachte, du willst das so."

Auf den Punkt gebracht

- Es gibt keinen Selbstwert unabhängig von Fremdbestätigung.
- Es gibt allerdings Selbstwert unabhängig von der Bestätigung bestimmter Menschen oder Gruppen.
- In der Paarbeziehung erwartet man Bestätigung für sein individuelles So-Sein.
- Um als man selbst geliebt werden zu können, muss man sich dem Partner nicht nur in den Übereinstimmungen, sondern auch in seiner Unterschiedlichkeit zeigen.
- Diese Selbstoffenbarung stellt ein Risiko dar, denn es gibt keine Garantie dafür, als man selbst geliebt zu werden.
- Daraus folgt: Wer die Liebe durch die Selbstoffenbarung riskiert, hat die Chance, sie zu erhalten.

Aus der Trickkiste

Wenn Sie sich nicht wertgeschätzt fühlen, fragen Sie sich: „Wofür erwarte ich Anerkennung?" Stellen Sie dann fest, wie es wäre, in erster Linie sich selbst diese Anerkennung zu geben.

Wenn Sie das Gefühl haben, sich in der Beziehung nicht zeigen zu können, machen Sie die Übung auf der folgenden Doppelseite: „Wer bin ich jetzt, wer will ich sein?"

Wer bin ich jetzt, wer will ich sein?

Beziehungen werden schwierig, wenn einer der Partner oder beide sich verändern. Individuelle Veränderung findet oft unbemerkt statt, wirkt sich aber erheblich auf die Beziehung aus. Dann stellen sich Fragen wie: „Wer war ich bisher, wer bin ich jetzt und wer will ich sein?" Ein Beispiel aus dem Bereich Sexualität: Bisher war man vielleicht ein „Mitmacher", jetzt ist man ein „Nein-Sager", zukünftig will man „Mitgestalter" sein.

Die Regeln dieser Übung

Diese Übung kann ein Partner für sich allein machen, doch dann sollte er schriftlich reflektieren. Machen beide Partner die Übung zusammen, wird zuerst über den einen, danach über den anderen reflektiert. Es sollte zum Austausch von Wahrnehmungen kommen, nicht zu Diskussionen.

SCHRITT 1:
Das bisherige Verhalten beschreiben

- Wählen Sie ein Thema, das für die Beziehung wichtig ist und in dem es Probleme gibt. Zum Beispiel die Sexualität.
- Wie war es bisher? Schauen Sie zurück in eine Zeit, als es dieses Problem nicht gab. Beschreiben Sie ausführlich und wertfrei Ihr Verhalten. Schreiben oder sprechen Sie in der dritten Person, und beschreiben Sie ausführlich auch die dazugehörenden Gefühle und Gedanken. Als Mann schreiben Sie dann beispielsweise: „Der Mann findet Sex okay und macht gern mit, er fühlt sich dabei ... und denkt ..." Geben Sie der Person, die sich so verhält, einen Namen. Im Beispiel: „Mitmacher" oder „freudiger Mitmacher".

SCHRITT 2:
Das gegenwärtige Verhalten beschreiben

- Schildern Sie nun Ihr gegenwärtiges Verhalten ebenfalls in der dritten Person. Beschreiben Sie es wertfrei mit den dazugehörenden Gefühlen und Gedanken. In unserem Beispiel: „Der Mann entzieht sich, hat keine Lust, denkt: Immer das Gleiche! Er fühlt sich gedrängt." Geben Sie der Person, die sich so verhält, ebenfalls einen Namen. Im Beispiel hier „Der Nein-Sager".
- Versetzen Sie sich in diese Person hinein und sprechen Sie ihren Namen aus. Im Beispiel sagen Sie: „Ich bin der Nein-Sager."
- Machen Sie sich Ihre Motive als diese Person klar. Im Beispiel: „Ich verweigere mich der Routine. Ich mache nichts mehr mit, das mir nicht gefällt. Ich grenze mich klar davon ab ..."

SCHRITT 3:
Den Übergang zu etwas Neuem finden

- Nun haben Sie einige Motive dieser Person kennengelernt. Auch wenn dieser Teil Ihrer Persönlichkeit, in unserem Beispiel der Nein-Sager, ungefragt ins Geschehen

Nähe und Distanz

eingreift, gehört er dennoch zu Ihnen. Fragen Sie sich: Was bedeutet es, offen und direkt zu diesem Verhalten und seinen Motiven zu stehen?
- Beantworten Sie sich außerdem die Frage, was es für Ihren Partner bedeutet, mit dieser „Person" zu tun zu haben. Wie wäre es für Sie, wenn Sie mit jemandem zu tun hätten, der sich so verhält?

SCHRITT 4:
Wer wollen Sie sein?
- Finden Sie nun einen Namen für die Person, die Sie stattdessen sein wollen. Diese Person muss die bisher gefundenen Motive berücksichtigen, kann sich aber darüber hinaus weiterentwickelt haben. Formulieren Sie den Namen und das Verhalten dieser Person.
- Im Beispiel könnten Sie sagen oder schreiben: „Ich bin ein Mitgestalter. Ich werde zukünftig nur noch bei dem mitmachen, wozu ich Lust habe. Ich lasse mich nicht drängen, ich lasse mir nichts vorwerfen, ich sage, was ich nicht will und was ich will. Ich traue mich, meinen Impulsen zu folgen."
- Stellen Sie fest, worin die Tat dieser neuen „Person" besteht und bei welcher nächsten Gelegenheit Sie als diese auftreten werden. Was können Sie beispielsweise gleich heute oder morgen tun?

Zusammenleben

Mit einem Partner gemeinsam zu leben und „Projekte" wie Lebensbegleitung oder Familie gemeinsam durchzuführen, ist ein schwieriges und zugleich lohnendes Unterfangen. Auch wenn man in Ratgebern hier und dort sicher hilfreiche Tipps bekommen kann, die zufällig gerade zur Situation passen, so besteht der beste Ratgeber doch in den Problemen, die man sich einhandelt. Im Problem liegt nämlich der Schlüssel zur Lösung, allerdings nicht offen, sondern versteckt. Wer beispielsweise bisher alles in der Hand hatte und jetzt niedergeschlagen ist, der versucht bereits, Kontrolle loszulassen und Kontakt zu seinen Gefühlen aufzunehmen.

Wie auch immer die Probleme lauten, die man sich im Zusammenleben einhandelt, sie sind nur scheinbar durch den Partner verursacht. In Wirklichkeit sind es Probleme, die man mit sich selbst hat. Mit den eigenen Zwängen, Ängsten, Bedürfnissen oder Sehnsüchten. Es lohnt sich, diesen Symptomen auf den Grund zu gehen.

Hausarbeit

Die Hausarbeit ist ein großes Konfliktthema in Beziehungen. Vor allem Frauen beklagen sich oft über die ungerecht verteilte Last täglicher Pflichten. Das Thema gehört in den Bereich der partnerschaftlichen Liebe, also in den Bereich gemeinsamer Projekte wie etwa der Familie oder der Alltagsbewältigung und Lebensbegleitung. In diesem Bereich bringt jeder Leistungen ein und die Lasten sollten gerecht verteilt werden. Aber was ist gerecht? Dass jeder das Gleiche tut? Unabhängig von seinen individuellen Möglichkeiten und Fähigkeiten? Nein, gerecht ist keine gleichartige, sondern eine gleichwertige Verteilung der Lasten.

Das Maß der Mühe

Was der eine beiträgt, soll ihn ebenso viel Mühe kosten, wie der Beitrag des anderen diesen Mühe kostet. Diesen Ausgleich empfinden die meisten Partner als gerecht. Maßstab ist also die Belastung und Belastbarkeit des Einzelnen. Erst wenn beide das Gefühl haben, Gleichwertiges beizutragen, sich gleichermaßen angestrengt und bemüht zu haben, hören die Konflikte im Bereich der Partnerschaft auf und man fühlt sich als Team.

Beim Vergleich der Leistungen ist viel zu berücksichtigen. Wer arbeitet und sorgt für das Geld? Wie viel arbeitet er? Wer kümmert sich um die Kinder … das Haus … den Garten … die Wäsche … den Einkauf … die Finanzen und so weiter. Wer befindet sich in welchem emotionalen oder körperlichen Zustand? Wem kann man was zumuten?

Zu dieser Bestandsaufnahme gehört auch die Offenbarung des eigenen Zustands, der Grenzen der Belastbarkeit und dessen, was man als gerecht und ungerecht empfindet.

Offensive Verhandlungen

Es deutet sich schon an, worauf es im partnerschaftlichen Bereich im Konfliktfall ankommt: Man muss miteinander verhandeln, und bis es zu einem übereinstimmenden Gefühl bezüglich der Leistungen beider Partner kommt, kann es mitunter zäh werden. In diesen Verhandlungen haben die Liebe („Wenn du mich liebst, machst du das für mich!") und die Freundschaft („Lass mich in Ruhe, es geht mir so gut, wenn ich das nicht machen muss!") als Argument nichts zu suchen.

Daher kann schon mal ein Satz fallen wie dieser: „Dass ich dich liebe, bedeutet nicht, dir die Wäsche zu machen. Oder liebst du mich nur, wenn ich für dich wasche?" Oder: „Ich will mein Zusammensein mit dir nicht erdienen." Partnerschaft bleibt Partnerschaft, da gilt es, klare und nachvollziehbare Regeln auszuhandeln.

Wer sich als Sklave fühlt, verhält sich meist auch so. Wer einen Partner will, muss selbst Partner sein, weder Diener noch Pascha, vielmehr sollte er sich auf Augenhöhe zu seinem Partner begeben.

Auf den Punkt gebracht

- Hausarbeit ist und bleibt ein Konfliktthema, das stets neue, klare Verhandlungen zwischen den Partnern benötigt.
- Sie sollte gerecht verteilt werden, was jedoch nicht heißt, dass jeder das Gleiche tut.
- Gerechte Verteilung bezieht persönliche Fähigkeiten, Neigungen und auch das aktuelle physische Vermögen mit ein. Jeder sollte die gleiche Menge an Mühe für das Gemeinsame aufbringen.
- Liebe und Freundschaft sind keine Argumente für die Verhandlungen.

Aus der Trickkiste

Wenn es unmöglich ist, unter konkreten Umständen einen gerechten Ausgleich zu finden, kann der stärker Belastete einen anderen Ausgleich verlangen. Er könnte beispielsweise:

- einen kleinen Extraurlaub für sich allein unternehmen, der aus der gemeinsamen Kasse bezahlt wird,
- vom Partner regelmäßig eine Rückenmassage erhalten, wenn dieser das gut kann,
- die überwiegende Zahl der sonntäglichen Ausflugsziele oder anderer Unternehmungen bestimmen, die dann beide machen, auch wenn der andere sie nicht so mag.

Interessen

Jeder Mensch hat Bedürfnisse. Diese sind durchweg egoistischer Natur und betreffen nur ihn selbst. Allerdings lassen sich viele Bedürfnisse nicht unabhängig von anderen Menschen erfüllen, weshalb man auf andere angewiesen ist. Das gilt erst recht in der Liebe. Zwar kann man heute gut „allein leben", aber niemand kann „allein lieben".

Bedürfnisse machen einerseits abhängig und andererseits sorgen sie für die dringend benötigte emotionale Nähe. Diese Zweischneidigkeit wirkt sich vor allem in Paarbeziehungen aus, in denen die Abhängigkeit schon deshalb größere Ausmaße annimmt, weil den emotionalen, erotischen und sexuellen Bedürfnissen darin eine besondere Bedeutung zukommt. Niemandem sonst ist man so nah, auf niemanden sonst ist man so angewiesen wie auf den Partner.

Zwei Individuen unter einem Hut

Bedürfnisse, die man gegenüber anderen Menschen vertreten und durchsetzen muss, werden als Interessen bezeichnet. Daher ist eine Beziehung nicht von Selbstlosigkeit geprägt, vielmehr will jeder Partner eigene Interessen durchsetzen. Dabei stehen zwei Interessen ganz oben: das an der Liebe und das an sich selbst. Das eine weist den Weg zum Partner, das andere führt von ihm weg, was sich nicht immer reibungslos miteinander verträgt. Das zeigt sich beispielsweise dann, wenn einer Nähe sucht und der andere für sich sein möchte und dadurch eine Missstimmung oder ein Streit entsteht. Wie bringt man diese widersprüchlichen Interessen in Übereinstimmung? Indem man beiden Bedürfnissen nachkommt, nicht gleichzeitig, aber nacheinander. So braucht jede Beziehung „kleine Trennungen", damit erneut Begegnung möglich ist.

Es kommen weitere Interessen hinzu. Solche an einer bestimmten Freizeitgestaltung, geistige Interessen, musische, sportliche, körperliche, sexuelle und andere mehr, für deren Umsetzung man den Partner braucht oder zu brauchen glaubt. Versuche, die eigenen Interessen durchzusetzen, sind – wenn man in seiner Beziehung zufrieden sein möchte – insofern unerlässlich. Unvermeidbar sind daher Auseinandersetzungen oder zuweilen Kämpfe, die durch Interessenkonflikte ausgelöst werden. Eine allzu große Harmonievorstellung kann den Auseinandersetzungen im Wege stehen. Die Liebe schafft keine völlige Interessengleichheit, sie kann aber dazu beitragen, sich den Bedürfnissen des Partners zuzuwenden.

Eine Geschichte

Fred und Gina beklagen sich in der Beratung darüber, wenig miteinander zu unternehmen, sie würden zunehmend aneinander vorbei leben. Sie haben sich vorgenommen, mehr gemeinsame Interessen zu entwickeln. Sie hätten schon einiges versucht, aber was dem einen Spaß macht, würde dem anderen missfallen.

Über die Frage „Wozu sollte es denn gut sein, mehr miteinander zu unternehmen?" sind sie erst einmal erstaunt. Nach einer ganzen Weile der Besinnung und etlichen Nachfragen kommen sie zu dem Ergebnis, dann „mehr Nähe zueinander zu haben". Es geht ihnen also nicht darum, irgendetwas miteinander zu tun, Tennis zu spielen oder zu joggen, sondern es geht darum, etwas Bestimmtes zu erleben: emotionale Nähe zueinander.

Damit sind sie auf das Bedürfnis hinter den Interessen gestoßen, in diesem Fall ein gemeinsames Bedürfnis. Sie sprechen darüber, wann er und wann sie Nähe mit dem Partner erlebt haben oder noch erleben. „Wenn wir zusammen kochen", „Wenn wir nach dem Essen noch zusammensitzen und uns etwas erzählen", „Wenn wir entspannt im Bett liegen, ohne dass etwas passieren muss", „Wenn wir ab und zu Ausflüge machen und Hand in Hand spazieren gehen" ... die Liste der Möglichkeiten, Nähe miteinander zu haben, ist lang. Zentral war für beide zu entdecken, worum es jedem ging. Und darüber, dass jeder Nähe mit dem anderen vermisst und mit seinem Bedürfnis nicht allein dasteht, sind sie sehr erfreut.

Auf den Punkt gebracht

● Bedürfnisse werden dem Partner gegenüber oft als Interessen formuliert und damit sozusagen „getarnt", sie erscheinen dann als berechtigte Forderungen. Beispielsweise sagt man: „Wir sollten mal wieder miteinander schlafen."

● Beide Partner haben Interessen und müssen ebenso jeder für sich wie gemeinsam dafür sorgen, dass sie erfüllt werden.

Aus der Trickkiste

Wenn die Bedürfnisse unterschiedlich sind: Wenn einer beispielsweise im Urlaub nach Mallorca will (weil er Action sucht) und der andere in die Berge (weil er Ruhe sucht) – was macht man dann? Wichtig ist zuerst einmal anzuerkennen, dass die Interessen unterschiedlich sind. Nicht immer lassen sich Kompromisse finden, mit denen beide zufrieden sind. Dann mag die Frage helfen, wie man als „gute Freunde" mit der Situation umgehen würde.

Kinder

Kinder verlangen einem Paar einiges ab. Sie verlagern den Schwerpunkt einer Beziehung von der emotional-leidenschaftlichen auf die partnerschaftliche Verbindung. Die Partner haben das Projekt Familie begonnen, und dadurch werden andere Dinge als zum Beispiel die Gefühlszustände wichtiger. Ein Kleinkind verlangt Aufmerksamkeit unabhängig davon, ob es den Eltern gut oder schlecht geht, ob sie müde oder ausgeruht sind. Leicht entsteht eine Situation, in der das Bedürfnis der Partner, neben der Familie auch eine Paarbeziehung zu haben, Zeit miteinander zu verbringen, Sex zu haben, zu kurz kommt.

Die Belastungen, die Kinder mit sich bringen, sollten gerecht verteilt sein. Das Problem ist allerdings, dass jeder Partner sein eigenes Empfinden von Gerechtigkeit hat und es darüber zu langwierigen Auseinandersetzungen kommen kann. Nicht wenige Beziehungen zerbrechen daran, dass sich eine(r) vom Partner nicht gesehen und unterstützt fühlt.

Kinder zu zeugen ist idealerweise ein Akt der Liebe. Kinder gemeinsam aufzuziehen ist dagegen eine partnerschaftliche Aufgabe. Das eine muss mit dem anderen nicht unbedingt zusammenhängen. Deshalb können Eltern auch dann noch Eltern sein, wenn sie füreinander keine Liebhaber oder Partner mehr sind, wenn sie die Paarbeziehung aufgelöst haben.

Beziehungskitt?

Kinder werden oft vorgeschoben, wenn es darum geht, Beziehungen zu erhalten. Das ist leicht, weil Kinder die eigenen Abhängigkeitsgefühle symbolisieren und sich die eigenen Ängste auf sie projizieren lassen. Doch so hilflos und abhängig, wie viele Eltern glauben, sind Kinder nicht. Sie verfügen oft über erstaunlich hohe Fähigkeiten, mit schwierigen Lebenssituationen erfolgreich umzugehen.

So gibt es kaum einen Grund, „wegen der Kinder" zusammenzubleiben. Auch wenn viele Experten betonen, dass die Trennung der Eltern für die Kinder schwerwiegend ist, so ist es wohl kaum weniger belastend, den Spannungen und dem Streit von Eltern ausgesetzt zu sein, die längst nicht mehr miteinander leben wollen und aufgehört haben, sich zu lieben.

Kinder brauchen Liebe, aber es spielt keine Rolle, ob diese von der Mutter oder vom Vater oder sonst woher kommt. Ansonsten müssten Kinder in anderen Kulturen, in denen nicht die Kleinfamilie, sondern die Großfamilie oder die Sippe die ausschlaggebende Rolle spielt, durchweg gestört sein, was nicht der Fall ist. Kinder brauchen verlässliche Beziehungen, aber diese hängen nicht davon ab, ob die Eltern zusammen sind oder zusammen wohnen.

Kinder werden durch Trennungen nicht automatisch geschädigt, sie können sogar von Trennungen profitieren – vorausgesetzt, die Eltern akzeptieren und schätzen sich weiterhin gegenseitig und sind beide für die Kinder erreichbar. Dann erweitert sich die Weltsicht der Kinder und ihre Abhängigkeit von einem ganz bestimmten Menschen reduziert sich.

Auf den Punkt gebracht

- Durch Kinder rückt der Schwerpunkt der Beziehung vom Leidenschaftlichen ins Partnerschaftliche.
- Wenn Kinder sich geliebt fühlen, dann fühlen sie sich auch sicher und entwickeln sich gut weiter.
- Es macht wenig Sinn, sich für das vermeintliche Wohl der Kinder aufzuopfern. Damit gäbe man ein schlechtes Vorbild ab. Aber es gibt gute Gründe, zu ihnen zu stehen, auch wenn die Liebesbeziehung beendet wurde.

Aus der Trickkiste

Gerade weil Kinder oft zu einer Belastung für die Paarbeziehung werden, brauchen die Bedürfnisse der Eltern Berücksichtigung. Wenn es eng wird, beantworten Sie sich folgende Fragen:

- Wovon träumen wir? Was würden wir tun, wenn wir „frei" wären?
- Welche Einwände gibt es gegen diese Sehnsüchte/Bedürfnisse?
- Was brauche ich und was braucht mein Partner von diesen Träumen, um in der aktuellen Durststrecke „durchhalten" zu können?
- Was wollen wir uns davon erlauben?

Kompromisse

Die Rede vom Kompromiss, der in Beziehungen angeblich unverzichtbar sei, ist weit verbreitet. Doch so einfach verhält sich die Angelegenheit nicht. Denn der Kompromiss kann einer Beziehung ebenso schaden wie nutzen. Um das zu verstehen, ist eine Unterscheidung nötig.

Die Unterscheidung zwischen Partnerschaft und Liebe

Die partnerschaftliche Liebe beruht auf einem gemeinsamen Lebensprojekt, etwa der Familie oder der Alltagsbewältigung. Jeder Partner trägt zu diesem Projekt etwas Gleichwertiges bei, er leistet etwas, das der Leistung des Partners entspricht. Beim Vergleich der jeweiligen Leistungen spielen Verhandlungen und Einigungen und daher auch Kompromisse eine große Rolle. Man kann aushandeln, wer die Wäsche macht, wer die Autos repariert und wie mit dem Geld umgegangen wird, und wenn man dabei zu Kompromissen bereit ist, finden sich meist als gerecht empfundene Lösungen, die die Partnerschaft stärken.

Die Liebe denkt anders

In der Liebe greift diese Logik nicht. Hier ist es völlig sinnlos, beispielsweise zu fordern: „Weil ich mich nach dir sehne, musst du mich begehren", oder zu vereinbaren: „Ich vermisse dich dienstags und du mich freitags." In der Liebe ist der Kompromiss fehl am Platz, denn es macht keinen Sinn zu fordern: „Wenn ich dich küsse, musst du mich dafür streicheln", oder: „Weil ich dein Gesicht mag, musst du meinen Po schön finden", oder: „Weil ich dich liebe, musst du meine Wohnung renovieren."

In der emotional-leidenschaftlichen Liebe machen Verhandlungen keinen Sinn, weil man Liebe nicht leisten kann. Die emotionale Liebe wird geschenkt. Liebende schenken und hoffen auf Erwiderung ihrer Geschenke. Und gerade weil es keinen Anspruch darauf gibt, ist das Geschenk der Liebe so wertvoll.

Wer versucht, in Liebesdingen zu verhandeln, der schadet seiner Beziehung, weil damit automatisch der zutreffende Eindruck entsteht, dass es dabei nicht um Liebe geht. Man kann in der Liebe nicht schachern, aber man kann – wenn man will – Opfer für den Partner bringen, eben weil man ihn liebt. Wer „aus Liebe" Kompromisse macht, der landet in der Selbstverleugnung und nimmt das dem Partner irgendwann übel.

Eine Geschichte

Inge und Rudolf planen, in den nächsten Jahren ein Kind zu haben. Sie sprechen darüber, wer sich beruflich einschränken soll, zumindest in den ersten beiden Jahren nach der Geburt. Inge möchte ihre vielversprechende Karriere in einem Zeitschriftenverlag nicht unterbrechen und will, das Rudolf eine Elternzeit nimmt, weil er als Beamter weniger Nachteile hat. Rudolf, der ebenfalls aufsteigen möchte, hält mit dem Argument dagegen, wenn sie ihn wirklich lieben würde, käme sie gar nicht erst auf solch eine Idee.

Rudolf versucht hier, ein partnerschaftliches Thema in der Logik der Liebe zu lösen. Er verlangt ein Opfer, zu dem er selbst nicht bereit ist. Die Logik der Liebe sagt indes: „Dass ich dich liebe, bedeutet nicht, dass ich berufliche Nachteile für dich in Kauf nehmen muss." Eine gute Lösung wird nur auf der partnerschaftlichen Ebene zu finden sein, etwa durch einen Ausgleich für hingenommene Nachteile.

Auf den Punkt gebracht

- Kompromisse sind nützlich, wenn es um verhandelbare Dinge geht. Sie stärken die partnerschaftliche Ebene.
- Liebe lässt sich jedoch nicht verhandeln, sie wird nicht geleistet und lässt sich nicht aufrechnen. Daher schwächen „aus Liebe" gemachte Kompromisse die emotional-leidenschaftliche Dimension einer Beziehung.
- Indem es Partnern gelingt, Partnerschaft und Liebe auseinanderzuhalten, können sie Kompromisse am richtigen Ort eingehen und am falschen Ort vermeiden.

Aus der Trickkiste

Wenn Sie mit Erwartungen oder Forderungen Ihres Partners konfrontiert sind, die Ihnen etwas abverlangen, beantworten Sie sich folgende Fragen:
- Was genau erwartet mein Partner? Ist es etwas, das ich leisten kann, oder etwas, das ich ihm schenken möchte?
- Wenn es sich um eine Leistung handelt: Welchen Ausgleich möchte ich dafür erhalten?
- Wenn es sich um ein Geschenk handelt: Bin ich mir klar, dass man Geschenke nicht zurückfordern kann? Ist mein Geschenk erwartungsfrei? Schenke ich es gern?
- Wenn ich es ungern schenke: Was hindert mich daran? Was geht mir nach? Was steht dem Schenken im Wege? Sprechen Sie mit Ihrem Partner darüber, wie Sie seine Forderung empfinden und was sie bei Ihnen auslöst.

Macht

In Paarbeziehungen sieht es manchmal so aus, als ob einer Macht über den anderen hat. Dieser Schein trügt. Tatsächlich ist es so, dass keiner von sich aus über mehr Macht verfügt, aber oft bekommt er sie vom Partner verliehen.

Man leiht dem Partner so etwas Wertvolles wie Entscheidungs- oder Handlungshoheit natürlich nicht ohne Grund. Der Machtverleiher verspricht sich etwas davon, wenn er auf die Ausübung seiner eigenen Macht verzichtet: beispielsweise Liebe oder Schutz oder Versorgung oder Geborgenheit oder Sicherheit oder sonst etwas für ihn sehr Wichtiges.

Die Macht des einen Partners lebt demnach von der Kalkulation – oder Angst – des anderen. Nur wenn ein Partner das Spiel mitspielt, zum Beispiel als „Angepasster", kann der andere seine Macht als „Bestimmer" ausüben. Man kann solch ein Machtverhältnis als eine Art von Vertrag betrachten. Solange der Vertrag eingehalten wird, gibt es keinen Grund, die verliehene Macht zurückzunehmen. Werden die Erwartungen des Machtverleihers jedoch auf Dauer nicht erfüllt, fängt er früher oder später an zu rebellieren und sich zu verweigern.

Wie jeder Vertrag kann man auch den Vertrag zum Machtverleih kündigen. Die Rücknahme der Macht geschieht, indem der Verleiher das Spiel einfach nicht mehr mitspielt. Dann steht der bisher Machtvolle machtlos da.

Machtkämpfe

In jeder Beziehung brechen einmal Machtkämpfe aus. Scheinbar geht es dabei um dieses oder jenes, darum, wo die Zahnbürsten stehen oder wie sauber die Wohnung sein soll. Diese Kämpfe belasten die Beziehung, aber in vielen Fällen werden sie durch Einigungen eingestellt. Man findet eine Regelung oder findet sich damit ab, dass jeder die Sache anders sieht und man wohl nie zu einer Einigung kommen wird.

Es gibt aber auch Machtkämpfe, die andauern und bei denen keiner der Partner bereit ist, nachzugeben. Hier liegt der Verdacht nahe, dass es in keinster Weise um die Sache geht, sondern um etwas anderes. Worin besteht der Kern nicht endender Machtkämpfe? Es geht um etwas absolut Unverzichtbares. Etwas, das im Notfall wichtiger ist als die Beziehung. Und dieses Wichtige besteht in einem Gefühl! Es geht beispielsweise um Würde oder Selbstbestimmung, um Nähe oder Respekt, um Ehrlichkeit oder etwas vergleichbar Wichtiges. Wenn es den Partnern nicht gelingt, in der Beziehung dieses Gefühl zu haben, wird die Beziehung für sie wertlos.

Man kann solch einen Machtkampf nicht gewinnen, weil die Liebe dabei auf der Strecke bleibt. Solch ein Machtkampf kann nur beendet werden, wenn jedem klar wird, dass der andere nicht nachgeben wird, und indem er das würdigt, worum der andere kämpft. Wenn es gelingt klarzumachen, was das unverzichtbare Gefühl für beide ist, zeigen sich in den meisten Fällen verschiedene Wege, dorthin zu gelangen – und die Schattenkämpfe werden eingestellt.

Auf den Punkt gebracht

- Zu jedem, der Macht ausübt, gehören andere, die sich ihm unterwerfen.
- Auch Anpassung beinhaltet ein Kalkül: dafür geliebt zu werden, nicht verlassen zu werden oder Ähnliches.
- Wer seine Macht verleiht, zahlt unter Umständen einen zu hohen Preis dafür.
- Man beendet das Spiel, indem man einfach nicht mehr mitspielt. Das Risiko besteht aber darin, seine Unabhängigkeit einlösen zu müssen.
- Machtkämpfe werden in den meisten Fällen polar geführt: mit offener Aggression auf der einen und mit defensiver Aggression auf der anderen Seite. Einer greift an, der andere verschließt sich und lässt ihn auflaufen.

Aus der Trickkiste

Wenn Sie sich in einem wiederkehrenden Machtkampf befinden, beantworten Sie sich einmal folgende Fragen und regen Sie Ihren Partner an, dies möglichst ebenso zu tun:

- Um welche (scheinbare) Sache kämpfe ich?
- Welche Gefühle würden sich bei mir einstellen, wenn ich den Kampf gewinnen würde?
- Wie würde ich mich dann von meinem Partner behandelt fühlen oder was würde es mir geben?

Klären Sie die Situation dann am besten gemeinsam:

- Benennen Sie das in Ihren Antworten gefundene wichtigste Gefühl, eben jenes unverzichtbare, und erläutern Sie sich gegenseitig die Bedeutung, die dieses Gefühl für Sie hat.
- Suchen Sie dann nach für beide akzeptablen Wegen, diesem Gefühl in der Beziehung gerecht zu werden.

Recht haben

Sobald zwei zu einem Paar geworden sind, hängen sie der Vorstellung an, sie würden sich gut verstehen und die Welt aus dem gleichen oder zumindest ähnlichen Blickwinkel sehen. Der eine schließt aus seiner Art, die Dinge zu erleben, dass es beim anderen ebenso abläuft.

Doch weit gefehlt. Was dem einen Probleme bereitet, lässt den anderen kalt. Was für den einen unerträglich ist, juckt den anderen kaum. Den Tonfall in ihrer Stimme mag er fürchterlich eindringlich finden, weshalb er sie auffordert, einen anderen Ton anzuschlagen. Dann streiten sie darum, ob ihr Ton tatsächlich „aggressiv" ist oder nicht. Seine ironischen Bemerkungen über ihre Figur mag sie verletzend finden, er findet sie witzig, und dann streiten sie darüber, ob sie nun verletzend oder witzig sind.

Partner können endlos darüber streiten, wer recht oder unrecht hat, wer richtig oder falsch wahrnimmt. Das sind fast immer vergebliche Versuche, den anderen zu überzeugen. Tatsache ist vielmehr, dass jeder den gleichen Sachverhalt anders sieht und anders erlebt. Daran lässt sich nicht rütteln. Und daher ist es absolut sinnlos, die Wahrheit des anderen anzuzweifeln: weil es in Beziehungen eben nicht eine, sondern stets zwei Wahrheiten gibt.

Deine Wahrheit, meine Wahrheit

Anstatt nun recht haben zu wollen, könnten sich die Partner darüber wundern, „wie ich" die Sache sehe und erlebe und „wie du" das im Unterschied zu mir tust. Man braucht die Wahrnehmung des anderen nicht zu teilen, man braucht sie nicht einmal zu verstehen, aber man sollte sie anerkennen, so rätselhaft sie auch erscheinen mag.

Der andere kann dann erläutern, was ein Wort oder ein Vorgang für ihn bedeutet. So wird aus der Behauptung: „Ein Streit ist doch nichts Schlimmes" die Differenzierung, dass für den einen ein Streit nicht schlimm ist, für den anderen aber schon. Und dann kann man die unterschiedlichen Bedeutungen erforschen. Der Schlüssel, um eine Rechthaberei zu beenden, liegt also in der gegenseitigen Anerkennung unterschiedlicher Sicht- und Erlebensweisen.

Sind diese unterschiedlichen Sicht- und Erlebensweisen anerkannt, steht „nur" noch die Frage im Raum, wie damit umgegangen werden soll. Das hat mit einer Einigung und nicht mit Rechthaben zu tun, wobei die Einigung auch darin bestehen kann, sich nicht einig zu sein. Man kommt eben nicht überall zusammen, und einiges kann man vielleicht stehen lassen. Hält das Rechthabenwollen an und kommt es nicht zur Anerkennung der beiden Sichtweisen, will sich ein Partner wahrscheinlich auf Kosten des anderen durchsetzen. Das sind die besten Voraussetzungen für einen Machtkampf (siehe Seite 62).

Auf den Punkt gebracht

● Was in einer Beziehung geschieht, wird meist von keinem Partner richtig wahrgenommen. Jeder hat eine andere Interpretation der Vorgänge und jeder gibt darüber hinaus dem Wahrgenommenen eine andere Bedeutung.

● Die Anerkennung der unterschiedlichen Wahrnehmung als gleichwertig ist Voraussetzung dafür, dass die Partner zu einem einvernehmlichen Umgang mit den Themen finden können.

Aus der Trickkiste

Wenn Sie sich in einer Rechthaberei mit dem Partner erwischen, geben Sie es zu, etwa mit Selbstironie: „Du brauchst keine eigene Meinung, es reicht, wenn du mir recht gibst."
Fragen Sie sich aber auch: Worum geht es hier? Was ist das Thema, das für mich oder ihn wirklich eine Rolle spielt? Hilfreich kann auch eine differenzierte Antwort sein, die beschreibt, womit man glaubt, recht zu haben, und womit man glaubt, dass der Partner recht hat.

Wenn Sie der Rechthaberei Ihres Partners begegnen wollen, weisen Sie ihn darauf hin, dass Sie ihn als Rechthaber erleben. Etwa mit den Worten:
● „Du scheinst dich mehr im Recht zu fühlen, als dass du mich fühlst."
● „Soll ich dir jetzt recht geben oder darf ich meine Meinung haben?"

Wenn Sie in der Falle des Rechthabenwollens gefangen sind, machen Sie die Übung von der folgenden Doppelseite.

Gegenseitig Sichtweisen anerkennen

Für fruchtbare Gespräche, bei denen etwas Sinnvolles herauskommen soll, und um tragbare Vereinbarungen treffen zu können, ist es unumgänglich, dass die Partner ihre unterschiedlichen Sichtweisen zu einem Thema, Vorfall oder Sachverhalt gegenseitig anerkennen. Solange jeder mit seiner Sichtweise recht haben will, provoziert er Widerspruch. Niemand will sich die Wahrheit seines Partners aufzwingen lassen!
Wenn Sie mit Ihrem Partner darum kämpfen, wer recht hat und wer die Sache falsch sieht, dann ist dies eine passende Übung, um die Lage zu klären und zu entkrampfen.

Die Regeln dieser Übung

- Die Übung dauert maximal eine halbe Stunde.
- Jeder äußert einige Sätze am Stück, dann spricht der Partner.
- Zwischen Fragen und Antworten vergehen mindestens zehn Sekunden Zeit.

SCHRITT 1:
Der Streitpunkt

- Die Partner benennen gemeinsam das Thema, zu dem es Meinungsverschiedenheiten gibt, in einem Wort oder in einem kurzen Satz. (Zum Beispiel könnte es schlicht heißen: Eine Bemerkung. Eine Ansicht über Erziehung. Eine Beobachtung bei den Kindern. Eine unterschiedliche Meinung.)
- Partner A äußert seine Sicht und seine Empfindungen in Bezug auf das Thema. (Zum Beispiel könnte sie sagen: „Für mich ist der Satz ‚In so ein sexy Kleid passt du nicht mehr rein' eine echte Beleidigung.")
- Zehn Sekunden Pause.
- Der Partner zeigt jetzt Neugier auf die inneren Abläufe der/des anderen. Er kommentiert nicht, sondern fragt in einem offenen und interessierten Ton nach. Zwischen den Fragen werden Pausen gelassen, der Befragte bewegt in ihm aufkommende Antworten nur still in sich.
  - „Was passiert dann in dir?"
  - Zehn Sekunden Pause.
  - „Welche Gefühle weckt das bei dir?"
  - Zehn Sekunden Pause.
  - „Was denkst du dann über dich und mich?"
  - Zehn Sekunden Pause.
- Der gefragte Partner erläutert seine inneren Abläufe, ohne sie zu werten und ohne um Bestätigung oder Verständnis zu werben.
- Zehn Sekunden Pause.
- Der fragende Partner bestätigt in Worten, dass er wahrnimmt, was im anderen abläuft. (Zum Beispiel: „Okay, ich sehe, dass es … und … bei dir auslöst.")
- Jetzt äußert der bisher fragende Partner ebenfalls seine Sichtweise oder Empfindung. (Zum Beispiel: „Für mich ist das keine Beleidigung, sondern ein Necken …")

Zusammenleben

- Das Gegenüber zeigt jetzt Neugier auf die inneren Abläufe des anderen. Es kommentiert nicht, sondern fragt in einem offenen und interessierten Ton nach:
  - „Was passiert dann in dir?"
  - Zehn Sekunden Pause.
  - „Welche Gefühle weckt das bei dir?"
  - Zehn Sekunden Pause.
  - „Was denkst du dann über dich und mich?"
  - Zehn Sekunden Pause.
- Nun erläutert der jetzt Befragte seine inneren Abläufe, ohne sie zu werten und ohne um Bestätigung oder Verständnis zu werben.
- Zehn Sekunden Pause.
- Der Partner bestätigt nun seinerseits in Worten, dass er wahrnimmt, was im anderen abläuft.

SCHRITT 2:
Bestätigung der Sichtweisen
- Der Austausch geht so lange, bis die unterschiedlichen Sicht- und Erlebensweisen deutlich geworden und gesehen worden sind.
- Sprechen Sie dann die Bestätigung der anderen Sichtweise aus, beispielsweise mit den Worten: „Ich erkenne an, dass ... für dich ... ist (anders als bei mir)."

SCHRITT 3:
Was verändert das?
- Die Partner besprechen kurz, was diese gegenseitige Anerkennung verändert und was sie jetzt mit der Lage anfangen wollen.
- Vielleicht steht eine Entschuldigung oder eine Abmachung oder etwas anderes an.

Resignation

Resignation wird allgemein als negativ empfunden, denn man gibt etwas auf. Doch gerade in Partnerschaften kann sich Resignation durchaus segensreich auswirken. Denn hier ist es oft dringend nötig, ein Verhalten aufzugeben, das nicht funktioniert. Dann bedeutet Resignation das Ende eines sinnlosen Bemühens und einer vergeblichen Kraftverschwendung.

Sinnlose Versuche aufgeben

Wer in Bezug auf sein eigenes Bemühen, den Partner zu verändern, resigniert, muss damit längst nicht sein Ziel aufgeben. Was er aufgeben muss, ist allerdings die Art und Weise, in der er sein Ziel erreichen will: nämlich indem er direkt auf das Verhalten des Partners Einfluss nehmen will oder mitunter sogar, indem er ihn zu etwas zwingen möchte. Die Möglichkeiten, sich gegen solche Direktiven zu wehren, sind mannigfaltig, sie reichen vom verharmlosenden „Tut mir leid, ich hab es vergessen" bis hin zum offenen Widerstand: „Ich denke gar nicht daran!"

Der bessere Weg, auf das Verhalten des Partners Einfluss zu nehmen, läuft über das eigene Verhalten. „Ich habe es aufgegeben, meinem Mann zu sagen, er soll seine Wäsche nicht in der Wohnung herumliegen lassen", sagte eine Frau, die mit dieser Resignation zufrieden schien. Was machte sie stattdessen? „Seither wasche ich nur noch die Sachen, die im Kleiderkorb liegen. Es hat einige Wochen gedauert, bis er es merkte. Aber seither liegt nichts mehr herum, er legt seine Wäsche in den Korb."

Zielbewusstes Resignieren

So heilsam kann Resignation sein, wenn man sein Ziel im Auge behält, wenn man sein eigenes Verhalten und nicht den Partner infrage stellt und Alternativen dazu sucht. Resignation ist dann schlicht die Kapitulation vor der eigenen Verbissenheit und Starrheit und die Anerkenntnis, dass man den Partner zu nichts zwingen kann. Solche Resignation wird gebraucht, weil erst dann ein neues Verhalten gesucht wird, wenn zweifelsfrei feststeht, dass das alte nicht funktioniert. Resignation ist eine Form unfreiwilliger Einsicht.

Schon alles versucht?

Fordert man einen Menschen auf, sein eigenes Verhalten zu ändern und nicht das des Partners, bekommt man gewöhnlich zu hören: „Ich habe schon alles versucht." Das stimmt natürlich nie. Es gibt unendlich viele Möglichkeiten, was man ausprobieren könnte. Da heißt es eben: kreativ sein und sich etwas trauen.

Es ist gar nicht so leicht zu resignieren. Niemand will in einem Loch namens „Mir fällt nichts anderes ein" hängen. Aber so ein Loch wird gebraucht, damit es sich mit neuen Ideen füllen kann und Neues versucht wird.

Auf den Punkt gebracht

- Resignation kann hilfreich sein. Man gibt auf, etwas zu versuchen, was einfach nicht funktioniert.
- Wenn der Partner nicht bereit ist, das zu ändern, was den anderen stört, muss dieser versuchen, sein eigenes Verhalten zu ändern. Er resigniert – und sucht neue kreative Wege zu einer Lösung. Das befreit ihn aus dem vorherigen Ärger.
- Resignation – positiv verstanden – braucht Kreativität und die Freude, etwas Neues auszuprobieren.

Aus der Trickkiste

Geben Sie auf, wenn etwas partout nicht klappt. Machen Sie sich Gedanken über Ihr Ziel und suchen Sie nach Alternativen, wie Sie es erreichen können. Es gibt immer mehr als nur eine Möglichkeit. Probieren Sie verschiedene aus, hier ein paar Beispiele zum Thema „Mein Partner kommt nie pünktlich":

- Schon mal versucht, den Partner warten zu lassen, damit er merkt, wie das ist?
- Schon mal versucht, einfach ohne ihn loszuziehen, statt auf ihn zu warten?
- Schon mal versucht, einen angemessenen Ausgleich für erlittene Wartezeit zu vereinbaren?
- Schon mal die Frage beantwortet: Was würde ich tun, wenn ich akzeptiere, dass ich einen unpünktlichen Partner habe?

Wenn Ihr Partner Sie ändern will, hilft oft Humor, um ihn endlich zum positiven Resignieren zu bringen. „Ja, Mama, nein, Mama, ganz wie du willst, Mama" – dieses unablässig wiederholte Mantra beispielsweise brachte eine Frau, die ihrem Mann unentwegt Vorschriften machte, regelmäßig zum Lachen und zum Loslassen. Was hätte sie sonst auch tun können?

Rituale

Paare entwickeln eigene Rituale und freuen sich daran. Das sonntägliche Frühstück im Bett. Der gemeinsame Spaziergang, wenn es etwas zu besprechen gibt. Das gemeinsame Essen in einem guten Restaurant, wenn es etwas zu feiern gibt. Der gemeinsame „Tatort"-Krimi am Sonntagabend. Mit Ritualen zelebrieren Partner ihre Zusammengehörigkeit.

Ein derartiges Paarritual ist ein Handlungsablauf, der allein diesen beiden Menschen vorbehalten ist, es ist Teil der Exklusivität ihrer Beziehung. Was man darin tut, macht man nur mit diesem Partner und mit niemand anderem. Das Ritual lebt, solange die Partner sich darauf freuen, und diese Vorfreude sorgt dafür, dass es wieder und wieder zustande kommt.

Paarrituale werden im Grunde nicht geplant, sie entwickeln sich in den meisten Fällen unbewusst. Irgendwann stellt man fest, eins zu haben und sich schon auf das nächste Mal zu freuen. Ebenso kann man feststellen, ein lieb gewordenes Ritual zu vermissen. Die Ursache dafür, dass ein vertrautes Ritual nicht mehr praktiziert wird, kann in äußerlichen Veränderungen liegen, in zeitlichen oder räumlichen Bedingungen. Es kann aber auch eine Veränderung der Beziehung dahinterstehen. In solch einem Fall hätte das Ritual dann bereits seine Schuldigkeit getan: Wenn es nämlich nicht mehr beiden, sondern bestenfalls noch einem Freude bereitet.

Rituale neu finden

Aber wie entwickelt man neue Rituale. Und: Sollte man das überhaupt versuchen? Ich glaube nicht, dass es sinnvoll ist, Rituale zu planen. Der entscheidende Punkt ist meiner Ansicht nach der empfundene Mangel an Zusammengehörigkeit, also die Sehnsucht nach etwas. Wenn Partner sich diese Sehnsucht eingestehen, können sich Ansatzpunkte für neue Rituale ergeben. Solche Ansatzpunkte liefert die Feststellung, was „wir gern miteinander machen" – also die Lust auf etwas. „Ich hätte mal wieder Lust…" oder „Hast du Lust, dass wir…" Das Ziel solcher Mitteilungen aus der Innenwelt wäre es, einen Funken zu schlagen und damit etwas anzuzünden.

Zusammenleben

Eine Geschichte

Irene ist stark erkältet und muss im Bett bleiben. Ihr Mann Matthias hat eine Rindfleischsuppe gekocht. Sie reagiert erstaunt darauf, freut sich aber riesig, nicht nur weil die Suppe schmeckt, sondern auch, weil er sonst einen Bogen um die Küche macht. Sie meint: „So was könnte ich öfter haben!"
Irene staunt ein weiteres Mal, als Matthias diese Bemerkung nach einigen Tagen aufgreift. Er hat Gefallen am Kochen gefunden und bietet ihr an, sie einmal im Monat zu einem selbst gemachten Menü einzuladen. Die einzige, aber wesentliche Voraussetzung dafür: Sie hält sich völlig aus den Vorbereitungen raus und lässt ihn machen. So machen es die beiden – und ein neues Ritual hat seinen Anfang gefunden.

Auf den Punkt gebracht

- Rituale zwischen Partnern können liebevoll gepflegte Inseln im Alltag der Beziehung sein.
- Rituale können sich aber auch verfestigen und zum fixen Bestandteil partnerschaftlicher Erwartungen werden.
- Dann wird ein Ritual womöglich starr und verpflichtend, es wird zur Zwangshandlung, aus der die Freude weicht.
- Zwang zu einem Ritual ist fehl am Platz, Verpflichtung nimmt dem Ritual die Lebendigkeit, verursacht Distanz und schafft im Extremfall sogar Feindseligkeit.
- Rituale sollen beiden Freude bereiten. Nach solchen Gemeinsamkeiten zu suchen, kann sich lohnen.

Aus der Trickkiste

Wenn Sie gemeinsame Rituale vermissen, bietet sich Folgendes an:
- Richten Sie den Blick auf das, was Sie und Ihr Partner gern gemeinsam tun. Sie werden feststellen, dass es den ganzen Tag über eine Reihe von rituellen Begegnungen zwischen Ihnen und Ihrem Partner gibt.
- Wenn Sie etwas entdecken, das Sie beide gern tun, so schlagen Sie vor, es öfter zu tun.
- Wenn sich keine positiven Reaktionen ergeben, fragen Sie Ihren Partner, welche Dinge ihm Spaß mit Ihnen bereiten und wovon er sich mehr vorstellen könnte.

Trennung

Sobald zwei Partner erklären, dass sie „zusammen" sind, vermeiden sie das Thema Trennung. Dabei kommen viele Trennungen gerade durch den krampfhaften Versuch zustande, sie zu vermeiden.

Der Trennungswurm ist immer dabei

Dieser Wurm ist von Anfang an in einer Beziehung dabei. Es lässt sich nämlich auf Dauer nicht leugnen, dass zwei unterschiedliche Menschen mit teils unterschiedlichen Ansichten, teils nicht kompatiblen Bedürfnissen und teils auseinanderlaufenden Interessen „zusammen" sind.

Nur weil man einen Partner hat, hört man ja nicht auf, ein eigener Mensch zu sein. Wer sich verleugnet, wird dies dem Partner übel nehmen. Er wird ihn für die eigene Angst verantwortlich machen und früher oder später Streit anzetteln, dauerhafte Konflikte provozieren oder einen Machtkampf führen, der womöglich zum Ende der Beziehung führt. Wenn man in einer Beziehung nicht „man selbst" sein kann, dann läuft das irgendwann auf die große Trennung hinaus. Dann geht man auseinander.

Kleine gesunde Trennungen

Der großen Trennung gegenüber stehen kleine Trennungen. Eine kleine Trennung weist ein wesentliches Merkmal auf: Sie hat nichts mit dem Partner zu tun, bei ihr trennt man sich von etwas in sich. Beispielsweise von einem lieb gewordenen, aber nicht mehr stimmigen Verhalten, von einer belastenden Erinnerung, von einer quälenden Sehnsucht, von einer bequemen Gewohnheit. Oder von der Hemmung, ein klares Nein aussprechen zu können. Oder von der Überzeugung, dem Partner unter keinen Umständen wehtun zu dürfen. Oder man überwindet die Angst vor einer unbequemen Reaktion des Partners. Oder man lässt die Erwartung los, der Partner müsse sich ständig um einen bemühen.

Soll eine Beziehung erhalten bleiben, stehen in ihrem Verlauf viele kleine Trennungen an. Gelingen diese nicht, trennt man sich irgendwann vom Partner und gibt ihm die Schuld dafür. Man musste gehen, weil er oder sie so ist, und der andere denkt ebenso. Bleiben die Schuldvorwürfe aufeinander gerichtet, werden damit Trennungsschlachten und Rosenkriege begründet.

Sich im Guten trennen

Wollen Partner im Guten auseinandergehen, ist das wohl nur möglich, indem sie gemeinsam die Verantwortung für den Verlauf ihrer Beziehung übernehmen. Dann sagt der Einzelne beispielsweise: „Es ist mir nicht gelungen, mich gegen meinen Partner durchzusetzen", anstatt: „Mein Partner war zu dominant." Und beide sagen: „Es ist uns nicht gelungen, so aufeinander einzugehen, dass jeder zufrieden mit der Beziehung sein und bleiben konnte."

Auf den Punkt gebracht

- Das Thema Trennung ist unterschwellig in jeder Beziehung vorhanden.
- Statt auf die große endgültige Trennung zuzusteuern, könnte man sich viele kleine Trennungen erlauben: stets von dem, was nicht mehr passt.
- Wer sich nicht von dem trennt, was ihn hindert, er selbst zu sein, wird sich irgendwann vom Partner trennen.
- Vorwürfe und Machtkämpfe sind meist Versuche, sich selbst eine kleine Trennung zu ersparen. Man will dann das Verhalten des Partners ändern, anstatt sein eigenes Verhalten zu überdenken.

Aus der Trickkiste

Wenn Sie sich mit dem Gedanken tragen, sich vom Partner zu trennen, empfehlen sich folgende Fragen:
- Wovon trenne ich mich, indem ich mich vom Partner trenne?
- Was muss ich nicht mehr ertragen/hinnehmen, wenn wir getrennt sind?
- Wozu bin ich dann nicht mehr verpflichtet?
- Was wird mir dann möglich, was kann ich dann tun, mir erlauben, mir leisten?
- Wer bin ich dann?
- Was würde es bedeuten, diese Person bereits jetzt, in meiner Beziehung zu sein?

Wenn Ihr Partner Sie verlassen will, könnten Sie sich fragen:
- Was erträgt mein Partner nicht mehr?
- Womit setze ich ihn unter Druck?
- Wie kann ich ihm entgegenkommen und will ich das überhaupt?
- Wie wichtig ist mir die Beziehung?

„Bleiben oder gehen?" So heißt die Übung auf der folgenden Doppelseite, die sich empfiehlt, wenn Sie vor genau dieser Frage stehen.

Bleiben oder gehen?

Gedanken an eine Trennung rufen meist unangenehme Empfindungen hervor, weshalb sie möglichst lange hinausgeschoben werden. Das führt unter Umständen dazu, dass ein Partner es irgendwann in der Beziehung nicht mehr aushält und gehen will. Das ist meist ein Zeichen dafür, dass kleine Trennungen – rechtzeitig durchgeführte Abgrenzungen – vermieden oder verpasst wurden.

Die Regeln dieser Übung

Wenn Sie sich mit Trennungsgedanken tragen – unabhängig davon, wie ernst oder konkret diese sind –, kann diese Übung zur Klärung beitragen, wovon Sie sich eigentlich trennen wollen. Sie machen die Übung allein und können hinterher entscheiden, ob Sie mit dem Partner über Ihre Erkenntnisse sprechen wollen.

SCHRITT 1:
Die Trennungsfantasie

- Stellen Sie sich vor, Sie hätten sich von Ihrem Partner getrennt. Diese Vorstellung beinhaltet etwas Verlockendes, etwas Positives. Sie können jetzt Dinge tun, die bisher unmöglich schienen. Oder Sie brauchen etwas nicht mehr zu tun, zu dem Sie sich bisher gezwungen oder verpflichtet fühlten.
- Schmücken Sie Ihr neues Leben in Ruhe aus. Fantasieren Sie am Schönen oder Neuen herum, das Ihnen jetzt möglich ist. Schließen Sie dabei die Augen und nehmen Sie sich etwa zehn Minuten Zeit, diese Fantasie auszumalen.
- Nehmen Sie dann Papier und Stift und beschreiben Sie die Vorteile der neuen Situation sehr detailliert. Beantworten Sie dabei die folgenden Fragen in der Gegenwartsform:
  - Was kann ich jetzt tun oder lassen? Beschreiben Sie es konkret.
  - Was habe ich gewonnen?
  - Was muss ich nicht mehr ertragen?
  - Was kann ich mir jetzt erlauben?
  - Wie fühle ich mich dabei? Wie geht es mir in diesem neuen Leben?
  - Welche anderen Überzeugungen und Einstellungen liegen meinem Leben nach der Trennung zugrunde? Ergänzen Sie die Sätze: „Im Leben kommt es darauf an …" oder „Für mich zählt vor allem …"

SCHRITT 2:
Die Alternativen

- Lesen Sie Ihre Aufzeichnungen nun durch und würdigen Sie die Absichten, die hinter Ihren Trennungsgedanken liegen. Machen Sie sich klar, wie wichtig Ihnen das ist, was Sie glauben, erst nach einer Trennung tun und erleben zu können. Vermutlich ist es wichtig oder sogar sehr wichtig.
- Sie können davon ausgehen, dass Sie bisher in der Beziehung nicht ausrei-

Zusammenleben

chend für das gesorgt haben, was Ihnen so wichtig ist. Machen Sie sich nun klar: Wovon müssten Sie sich in der Beziehung trennen, um es erleben zu können? Wie würden Sie sich in der Beziehung und dem Partner gegenüber verhalten, um dem für Sie Wichtigen zu mehr Geltung zu verhelfen?

- Legen Sie für sich fest, ob Sie mit Ihrem Partner jetzt oder später über diese Punkte sprechen wollen. Wollen Sie ein Versprechen kündigen, eine Verpflichtung auflösen, eine neue Regel vereinbaren, Mitteilungen über Ihren Zustand und Ihre Gefühlswelt machen oder sonst etwas Neues tun? Oder wollen Sie das Ganze für sich behalten, aber beginnen, gewisse Dinge in Richtung auf Ihre neu bewusst gewordenen Bedürfnisse zu ändern?

Emotionen

Beziehungen beruhen heute, weit mehr als das zu früheren Zeiten der Fall war, auf der emotionalen Bindung der Partner. Die jedem mögliche materielle Unabhängigkeit liefert kaum noch Gründe dafür, mit einem Partner unter allen Umständen zusammenzubleiben. Durch diese gesteigerte Bedeutung von Gefühlen sind Beziehungen zwar intensiver geworden, aber auch anfälliger für Störungen.

Der Partner löst durch sein Verhalten bestimmte Gefühle und Reaktionen im Gegenüber aus. Manche dieser Reaktionen haben ihren Ursprung in der Vergangenheit, etliche in der Kindheit. Andere ergeben sich aus dem Kontakt. Die Versuchung, den Partner für die eigene Reaktion verantwortlich zu machen, liegt nah. Umso wichtiger ist es, sich mit der undurchsichtigen Gefühlswelt auseinanderzusetzen.

Ärger

Fakt ist: Ärger ist in einer Beziehung unvermeidlich. Das ist zweifellos ärgerlich, und um dieses Gefühl in Grenzen zu halten, sollte man etwas über den Ärger wissen. Beispielsweise, dass man sich nicht aus blauem Himmel heraus ärgern kann. Jedem Ärger geht etwas voraus, nämlich eine Enttäuschung. Und hinter dieser Enttäuschung steckt ein Bedürfnis oder eine Erwartung. Es geht beim Ärger demnach um eine kleine Gefühlskette.

Gefühl folgt auf Gefühl

Von dieser Abfolge bekommt man meist nichts mit, weil sie blitzschnell verläuft und am Ende nur der Ärger im Bewusstsein stehen bleibt. Den will man dort nicht haben und versucht deshalb, ihn loszuwerden und spontanerweise auf den Partner loszulassen. Seinen Ärger herauszuschleudern ist allerdings ein aggressiver Akt, auf den der andere selten mit Verständnis, sondern meist mit Ablehnung reagiert, vor allem wenn er den Ärger des anderen regelmäßig abbekommt.

Ärger ist eine völlig normale Reaktion. Will man den verärgerten Partner allerdings vollends auf die Palme bringen, dann sollte man ihm einreden: „Du brauchst dich nicht zu ärgern!" Will man ihn hingegen ernst nehmen, fragt man besser: „Was hat dich so verärgert?", oder: „Was willst du von mir?" Wenn der Partner dann sagt, was er will, kann man den eigenen Willen oder die eigenen Wünsche äußern und sich über die jeweilige Gefühlslage austauschen. So gehandhabt führt Ärger dazu, die unterschiedlichen Erwartungen und Bedürfnisse besser kennenzulernen.

Konkret statt schwammig

Wer eine Erwartung oder ein Bedürfnis äußert, sollte allerdings darauf achten, dass er dies so konkret wie möglich tut. Es bringt nichts zu sagen: „Ich will doch nur, dass du mich liebst", oder: „Ich habe gehofft, du würdest mir helfen." Solche schwammigen Äußerungen schaffen Verwirrung, statt Orientierung zu geben.

Sätze wie: „Ich habe gehofft, wir würden heute mal wieder im Bett frühstücken", oder: „Ich habe gehofft, du würdest mich zum Arzt begleiten" sind konkret, auf sie kann man antworten.

Auf den Punkt gebracht

● Ärger ist ein Zweitgefühl, es folgt auf eine Enttäuschung, hinter der ein Bedürfnis steckt. Ärger sagt: Du bist nicht so, wie ich es erwartet habe, also bist du irgendwie falsch. Der Partner versteht diese Botschaft und wehrt sich dagegen.

● Wichtiger als der Ärger sind für die Kommunikation die Erwartung und das Bedürfnis. Darauf kann sich der andere besser beziehen als auf die Aggression, die im Ärger liegt.

- Leichter wird die Auseinandersetzung, wenn man sich nicht über die Person, sondern über ihr Verhalten ärgert. Statt: „Ich habe mich über dich geärgert", sagt man besser: „Ich habe mich über deine Verspätung geärgert."

- Fruchtbar und konstruktiv wird die Auseinandersetzung außerdem, indem gleich die eigentliche Erwartung nachgeschoben wird: „Ich bin über die Verspätung verärgert, weil ich mich wirklich sehr auf unser Treffen gefreut hatte."

Aus der Trickkiste

Wenn Sie von Ärger-Anfällen geplagt sind, können Sie so vorgehen:
- Akzeptanz: Es ist völlig okay, verärgert zu sein. Es ist nicht okay, den Ärger einfach loswerden zu wollen. Jetzt heißt es, den Ärger nicht leugnen und nicht schlucken, sondern haben, im Zaum halten und erst mal die Zähne zusammenbeißen.
- Erwartung: Sie sollten sich über die enttäuschte Erwartung klar werden. Was hatten Sie erhofft oder wie selbstverständlich vorausgesetzt?
- Bedürfnis: Nun können Sie sich klarmachen, welches Bedürfnis hinter dieser Erwartung steht.
- Gespräch: Mit Erwartung und Bedürfnis im Bewusstsein können Sie dem Partner besser begegnen als nur mit dem Ärger-Gefühl.

Wenn Sie sich dauernd über den Partner ärgern: In diesem Fall sollten Sie den Grund bei sich selbst suchen. Vielleicht ärgern Sie sich seit Jahren darüber, dass Ihr Partner unpünktlich ist. Aber er denkt gar nicht daran, sein Verhalten zu ändern. In dem Fall ist die Erwartung unrealistisch und alle Erziehungsversuche sind vergebens. Können Sie diesen Zug an Ihrem Partner akzeptieren?

Wenn Sie regelmäßig den Ärger des Partners abbekommen: Sie sollten mit der Verharmlosung seines Verhaltens aufhören und klarstellen, dass Sie nicht vorhaben, Ihr Verhalten im strittigen Punkt zu ändern. Solche Klarheit bringt mitunter Entspannung.

Bedürfnisse

Das Wort Bedürfnis hat etwas mit dürfen zu tun. Bedürfnisse muss man haben dürfen, also sich gestatten. Und am besten gesteht man dem Partner ebenfalls zu, seine Bedürfnisse zu haben. Sie zu akzeptieren fällt nicht immer leicht, weil man sich damit schnell bedürftig vorkommt, klein und auf andere angewiesen. Eine andere Schwierigkeit im Umgang mit Bedürfnissen besteht darin, dass es oft scheinbar Wichtigeres zu erledigen gibt. Man will womöglich Großes erreichen, Karriere machen, viel Geld verdienen oder ein Haus bauen, und kann sich daher vieles nicht gestatten. Muße etwa, einfache Dinge zu genießen, sich treiben zu lassen, eben im Vergleich zu den wichtigen Dingen „Schwächen" auszuleben.

Ein Hinterhalt

Bedürfnisse lässt es unbeeindruckt, wenn man sie ignoriert. Sie tauchen allenfalls aus dem Bewusstsein ab und begeben sich auf die Körper- oder Gefühlsebene und stören von dort aus den eigenen Zustand. Etwa als körperliche Symptome wie Kopf- oder Rückenschmerzen oder als emotionale Gereiztheit oder als Distanziertheit dem Partner gegenüber.

Auch ist die Versuchung groß, dem Partner die Schuld für den eigenen misslichen Zustand zuzuschieben, schließlich könnte der ja längst etwas unternommen haben, damit es einem besser geht. Dann wird es leicht paradox. So wirft beispielsweise ein Überlasteter seinem Partner oft vor, dieser sei zu faul. Die unausgesprochene Erwartung besteht darin, dass man selbst weniger tun müsste, wenn der Partner mehr täte. Oder ein Gelangweilter wirft dem Partner vor, einfallslos zu sein, und fordert ihn damit unbewusst auf, sich etwas Interessantes einfallen zu lassen, damit er von seiner Langeweile befreit wird.

Man sieht: Von einem unerfüllten Bedürfnis ist es nur ein kleiner Schritt zum Vorwurf. Es ist allerdings ein Schritt zurück, in die Deckung und ins Verstecken der eigenen Bedürfnisse und kein Schritt nach vorn, ins Offenlegen des eigenen Zustands.

Bedürfnisse sind individuell

Hinsichtlich der Äußerung von Bedürfnissen besteht in Beziehungen oft das Missverständnis, dass sich Bedürfnisse decken sollten. Doch natürlich kommt es oft vor, dass ein Partner etwas dürfen möchte, der andere aber nichts müssen will. In vielen Fällen passen die Bedürfnisse nicht zusammen, und dann macht es keinen Sinn, sie mutwillig miteinander erfüllen zu wollen. So unangenehm es ist, man ist für die Erfüllung seiner Bedürfnisse erst mal selbst verantwortlich, was die Sache natürlich lästig oder schwierig macht. Allein ausgehen, weil der andere nicht mit losziehen will? Nichts mit sich anzufangen wissen, weil der andere mal Zeit für sich braucht? Wozu hat man dann einen Partner?

Emotionen

Auf den Punkt gebracht

- In Bezug auf Bedürfnisse muss man sich klarmachen, dass sie weder richtig noch falsch sind. Vielmehr sind sie einfach. Man darf seine Bedürfnisse haben.
- Bedürfnisse können sich auf den Partner oder auf sich selbst beziehen. Etwa durch den Wunsch nach mehr Nähe oder nach Alleinsein. Beides ist völlig in Ordnung.
- Es ist gut, Bedürfnisse zu äußern, aber es ist schlecht, darüber zu diskutieren. Sie zu bewerten oder gar in berechtigt und unberechtigt einzuteilen, ist völlig sinnlos. Es ändert nämlich nichts an der Bedürfnislage.
- Jeder Partner hat ein Recht auf seine Bedürfnisse, aber kein Recht auf deren Erfüllung durch den anderen.

Aus der Trickkiste

Wenn Sie Probleme haben, Ihre eigenen Bedürfnisse zu erkennen, sprechen Sie mit sich selbst. Vollenden Sie dabei zehn Minuten lang wiederholt die Sätze „(Ihr Vorname), es ist völlig in Ordnung, wenn du … möchtest" und „(Ihr Vorname), es ist völlig in Ordnung, dass du dich … fühlst … sehnst … brauchst …"

Wenn Ihr Partner Bedürfnisse äußert, kommentieren Sie sie nicht, sondern bestätigen Sie: „Ich sehe, dass du … willst", oder: „…, dass du dich … fühlst." Seine Bedürfnisse zu akzeptieren, bedeutet nicht, dass Sie sie erfüllen müssen.

Wenn Sie eigene oder die Bedürfnisse des Partners erfüllen möchten, fragen Sie sich, was Ihnen helfen würde. Fragen Sie das auch Ihren Partner. Denken Sie aber daran: Es gibt keine Verpflichtung. Dem anderen gern ein Bedürfnis zu erfüllen, ist eine Herzenssache, zu der man nicht gezwungen werden kann. Im Idealfall sind beide in der Lage, ihre Bedürfnisse zu äußern. Dann lässt sich herausfinden, wie „wir" mit dieser gleichen oder unterschiedlichen Bedürfnislage umgehen wollen.

Beleidigung

Wem Leid angetan wird, der ist versucht, anderen Leid anzutun. Das gilt im Leben wie in der Partnerschaft. Wer von seinem Partner beleidigt wird, kann davon ausgehen, dass dieser seinerseits leidet, bedingt durch vergangene Ereignisse oder durch gegenwärtige. Das Wort „Leid" ist schon im Begriff „Beleidigung" enthalten. Das ist eine Erklärung, aber keine Rechtfertigung für Beleidigungen.

Ein Beleidiger meint, jedes Recht zu seinen Ausfällen zu haben. Er handelt impulsiv und affektgesteuert, sozusagen in einer Art innerer Notwehr, von Gefühlen wie Wut, Enttäuschung und Ärger getrieben und entsprechend unreflektiert. Er will seinen Schmerz loswerden und kümmert sich in dem Moment nicht um den Schaden, den er anrichtet. Die Reue kommt später, verändert aber meist wenig, auf Dauer nutzt sie sich ab.

Wie am besten reagieren?

Wie geht man spontan mit Beleidigungen um? Im ersten Impuls schlägt man zurück, genauso tief unter die Gürtellinie oder genauso hart. Man fühlt sich verletzt, beschmutzt oder herabgesetzt und will sich vor den Attacken schützen. Dazu macht man sich hart, wendet sich ab oder macht schlicht dicht.

Vor allem Männer sind geübt darin, vor sich und der Partnerin zu leugnen, wie verletzt sie in Wahrheit sind. Stattdessen zucken sie nicht mit der Wimper, wenn sich ein Schwall übler Worte über sie ergießt. Schweigen lässt den anderen auflaufen, und zurückschlagen nutzt auch wenig, denn es heizt den Kampf nur weiter an.

Anhaltender Konflikt

Wird ein Partner regelmäßig beleidigt, kann es sein, dass er den anderen unbewusst dazu bringt, die Beherrschung zu verlieren. Er lässt den anderen leiden und genießt womöglich den heimlichen Sieg. Es gleicht einem Triumph, sagen zu können: „Siehst du, du bist der Schuldige, du verlierst die Beherrschung, ich habe damit nichts zu tun!"

Wenn zwei sich dem Thema widmen wollen, steht bei anhaltenden Beleidigungen das Reden über den Umgang miteinander an, also eine Metakommunikation (siehe Seite 116).

Auf den Punkt gebracht

- Wer den Partner beleidigt, fühlt sich selbst schlecht. Er fühlt sich abhängig, hilflos oder verletzt.
- Beleidigungen werden meist gezielt platziert, der Beleidiger weiß in der Regel ganz genau, wo er seinen Partner am besten treffen und verletzen kann.
- Ständige Beleidigungen zerstören relativ schnell das Vertrauen und die Offenheit in einer Beziehung.

Aus der Trickkiste

Den Beleidiger darauf hinweisen, was er macht: Weil der Beleidiger von Emotionen gesteuert ist, merkt er meist nicht, was er tut oder was er anrichtet. Eine gute Möglichkeit besteht darin, ihn schlicht und einfach darauf hinzuweisen, was er da gerade macht. Das geht mit dem einfachen Satz „Du beleidigst mich", den man stoisch so lange wiederholt, bis der Beleidiger innehält.

Kein „Schwamm drüber": Kommt es regelmäßig zu Beleidigungen, sollte man sich gut überlegen, ob man dem Beleidiger verzeiht. Damit wird sein Konto ja sozusagen auf Null gesetzt und er kann es erneut auffüllen.

Konsequenzen ziehen: Wirkungsvoller ist es, für den Wiederholungsfall eine Wiedergutmachung zu vereinbaren. Das kann eine Einladung zum Essen sein oder etwas, das dem Beleidiger irgendwie wehtut, etwa: den nächsten gemeinsamen Urlaub zu bezahlen oder eine Woche lang den Abwasch oder Einkauf zu machen.

Stopp-Linie ziehen: Diese Tipps zeigen auch, worauf es für den Beleidigten ankommt: sich das nicht gefallen zu lassen, sondern Grenzen zu ziehen und vor allem konsequent zu sein.

Hilflosigkeit zugeben: Sollte der Beleidiger nach Auswegen suchen, könnte er es damit versuchen, seine Gefühle direkter zu äußern. Beispielsweise: „Ich fühle mich gerade so hilflos, wenn ich mich gehen lassen würde, würde ich dich jetzt beleidigen."

Was will ich eigentlich sagen? In den meisten Fällen möchte jemand, der einem anderen wehtut, eigentlich sagen: „Mir tut etwas weh." Wenn ihm das gelingt, ist der größte Druck schon raus. Also: Herausfinden, was wehgetan hat, und das friedlich mitteilen.

Weitere Übungen: Auch die Übungen „Gute Gespräche miteinander führen" (siehe folgende Doppelseite) und „Mit Vorwürfen umgehen" (siehe Seite 128) sind hier hilfreich.

Gute Gespräche miteinander führen

Ein Gespräch ist ein komplexer Vorgang. In seinem Verlauf werden zahlreiche Begriffe benutzt, die für jeden Partner ganz unterschiedliche Bedeutungen haben können und das meist auch haben. Es werden Erinnerungen und damit verbundene Gefühle geweckt. Es werden Meinungen und direkte oder indirekte Kritik geäußert.

Jedes Wort, jeder Satz und auch die ganzen nonverbalen Äußerungen wie Gesten, Gesichtsausdruck, der Klang der Stimme, Körperhaltungen und so weiter rufen Reaktionen auf der anderen Seite hervor, auf die dann wiederum reagiert wird. Viele dieser nonverbalen Äußerungen werden unbewusst wahrgenommen, fließen aber trotzdem in die Reaktionen ein. Dass ein Gespräch leicht aus dem Ruder laufen kann, ist daher wenig verwunderlich.

Die Regel dieser Übung

Wenn Ihnen ein Thema am Herzen liegt, über das Sie mit dem Partner reden wollen, kann dieser Gesprächsleitfaden eine gute Orientierung geben. Bleiben Sie sachlich und möglichst nüchtern, während Sie Punkt für Punkt durchgehen.

SCHRITT 1:
Das Thema benennen
- Die Partner legen zuerst genau fest, worüber sie miteinander sprechen wollen. Das Thema wird in wenigen knappen und möglichst klaren Worten formuliert.
- Die Partner beschreiben den aufrufenden Faktor für dieses Thema, also warum sie jetzt und warum sie überhaupt darüber sprechen wollen.
- Jeder Partner sagt nun, was sein Problem mit der Situation ist. Er sollte sich nicht in Allgemeinplätzen ergehen und keine Aussagen über den Partner machen, sondern nur über sich selbst sprechen. Das mag etwas Nachsinnen erfordern.
- Jeder Partner bestätigt, dass er das Problem des anderen verstanden hat. „Okay, ich verstehe, dein Problem ist …" Das Gespräch geht erst weiter, wenn jeder bestätigt, dass der andere ihn richtig verstanden hat: „Stimmt, du hast mein Problem verstanden."
- Jeder Partner sagt nun, was sein Wunsch in Bezug auf das Thema ist. Der andere Partner bewertet diesen Wunsch nicht, sondern stellt lediglich Nachfragen dazu, die es ihm ermöglichen, den Wunsch oder das Ziel besser zu begreifen. Beide Partner bestätigen sich auch ausdrücklich, dass und wie der Wunsch erfasst wurde.
- Beide teilen sich nun ihre Wahrnehmungen und Ideen in Bezug auf die gegenseitigen Wünsche mit.
- Die Partner bringen dabei auch zum Ausdruck, was sie „meinen", wenn sie etwas „sagen", oder wie sie „verstehen", was sie „verstehen".

Emotionen

SCHRITT 2:
Was fangen wir damit an?

- Am Schluss stellen die Partner gemeinsam fest: Zu welchem Ergebnis sind wir mit diesem Austausch gekommen? Was ist für dich/mich neu? Wollen wir etwas vereinbaren und was?

- Die Partner tauschen sich nun zum Abschluss darüber aus, wie das Gespräch gelaufen ist: Was ist gut gelaufen? Welche Fehler haben wir gemacht? Sind wir beim Thema geblieben oder eher unnötig abgeschweift? Haben wir uns bewertet, statt uns mitzuteilen?

Gefühle

Die Gefühlswelt spielt für Paare heute eine ungleich größere Bedeutung als zu allen Zeiten zuvor. Früher einmal waren Partner zusammen, um den Lebensalltag miteinander zu meistern, und dabei war Verlässlichkeit wichtiger als Gefühl. Oder sie führten reine Liebesbeziehungen, in denen die Leidenschaft die Hauptrolle spielte, die ja bekanntlich egoistisch ist und sich weniger den Gefühlen des anderen zuwendet.

Heute beruhen Beziehungen vorwiegend auf Gefühlen. Man will sich geliebt und gemeint fühlen. Man heiratet nicht mehr, um sich gegenseitig zu versorgen, sondern um einem Liebesgefühl Ausdruck zu geben. Diese Bedeutung der Gefühlswelt macht den Verlauf von Beziehungen ziemlich unberechenbar. Denn niemand kann auf lange Sicht hin garantieren, dass seine Gefühle für den Partner erhalten bleiben.

Die Partner selbst stellen, als Individuen, die größte Gefahr für ihre Beziehung dar. Ihre Vorstellungen, Interessen und Bedürfnisse unterscheiden sich teilweise voneinander. Oder sie ändern sich im Laufe der Zeit. Wenn Unterschiede deutlich werden, ist es oft nicht möglich, gute Gefühle füreinander zu entwickeln oder zu behalten.

An Punkten, an denen individuelle Unterschiede deutlich werden, fangen Partner oft zu kämpfen an: für die eigenen Gefühle und Bedürfnisse und gegen die Gefühle und Bedürfnisse des anderen. Die eigenen Gefühle werden betont und die des Partners in den Hintergrund geschoben. Typische Sätze lauten dann etwa: „Du brauchst dich nicht einsam zu fühlen", oder: „Das muss dich doch nicht stören", oder: „Was willst du eigentlich, du kannst doch zufrieden sein!"

Ein „eigener Mensch" sein

Im Falle von Gefühlsdifferenzen ist jeder versucht, dem Partner dessen Gefühle auszureden, um eigenen Gefühlen Raum zu verschaffen. Oder man erträgt dessen Gefühle nicht, weil man sich schuldig daran fühlt oder nicht weiß, wie man damit umgehen soll. Es bringt natürlich nichts, dem Partner zu sagen, er sollte oder bräuchte das Gefühl, das er hat, nicht haben. Das bringt höchstens Streit oder schafft Distanz.

Besser ist es, die Gefühle des Partners anzuerkennen, ohne seine eigenen zu verleugnen oder sich schuldig für den Zustand des Partners zu fühlen. Es gehört Selbstbewusstsein dazu und die gelebte Erkenntnis, ein eigener Mensch zu sein. Wer seine Gefühle in der Beziehung äußern und vertreten kann und gleichzeitig die des Partners gelten lässt, der ist einem Partner ein Gegenüber.

Eine Geschichte

Jens und Inga streiten sich oft. Inga sagt seit etlichen Monaten, dass sie sich unglücklich fühlt. Jens reagiert darauf gereizt und hält ihr vor, sie hätte überhaupt keinen Grund dazu, er würde doch alles für sie tun, was ihm möglich sei.

Was Jens nicht begreift und bisher gar nicht für möglich hielt: Er soll überhaupt nichts für Inga tun. Er soll einfach nur da sein und zuhören, wenn sie über sich sprechen will. Er soll sich für ihre Gefühle interessieren und sie so sein lassen, wie Inga sie fühlt.

Als er es endlich tut und sie ihm über eine Stunde lang ihr Herz ausschüttet, während er einfach da ist, sie im Arm hält und sie nicht unterbricht, fühlt sich Inga gleich besser. Jens ist anschließend positiv verwirrt, weil er Inga etwas geben konnte, ohne etwas tun zu müssen.

Auf den Punkt gebracht

- Über Gefühle zu diskutieren bringt nichts, weil der Partner oder man selbst sie schlicht hat oder nicht hat.
- Gefühle ergeben sich nicht aus dem luftleeren Raum. Sie sind Ergebnis von Deutungen und Interpretationen.
- Wenn jeder Partner das Recht hat, sich zu fühlen, wie er sich fühlt, kann man sich für die Gefühle des anderen interessieren, sich darüber wundern und neugierig sein, darüber mehr zu erfahren.

Aus der Trickkiste

Wenn Partner über ihre Gefühle sprechen, sollten sie Folgendes beachten:
- Erkennen Sie an, dass Ihr Partner womöglich ganz andere Gefühle hat als Sie selbst.
- Unterlassen Sie jede Diskussion. Zeigen Sie stattdessen Neugier.
- Forschen Sie danach, wie Sie einen Vorgang gedeutet haben, damit ein bestimmtes Gefühl entsteht. (Beispiel: Mein Wut-Gefühl sagt, dass der Satz des Partners bedeutet, ich bin ihm egal).
- Suchen Sie nach den Auslösern eines wiederkehrenden Gefühls („Immer wenn … fühle ich …")
- Wenn Sie die Gefühle des Partners nicht verstehen, wundern Sie sich und zeigen Sie Neugier.
- Wenn Sie glauben, etwas verstanden zu haben, prüfen Sie das, etwa mit dem Satz „Verstehe ich das richtig, dass du …"
- Haben Sie einen langen Atem. Manches lässt sich nicht in einem einzigen Gespräch klären.

Glück

Jeder Partner trägt bewusste und unbewusste Glückserwartungen mit sich, die er sich durch eine Liebes- oder Paarbeziehung erfüllen möchte. Solch ein inneres Versprechen lautet beispielsweise: „Wenn ich erst einmal den richtigen Partner habe, dann …", oder: „Wenn wir erst einmal eine Familie sind, dann …" Was ist dann? „… dann werde ich glücklich sein!"

Solche Glücksversprechen – ich bezeichne sie als den Beziehungsmythos eines Partners – sind ungeheuer mächtig. Ihre Faszination lässt sich in Bildern ausdrücken. In solch einem Bild sitzen beispielsweise Mann und Frau im hohen Alter auf einer Parkbank und schauen in inniger Vertrautheit dem Leben zu. Oder Mann, Frau und Kinder bilden einen Kreis und halten sich an den Händen. Das sind Bilder vom vorgestellten und ersehnten Glück, und man ist bereit, sehr viel für dessen Erfüllung zu tun und auf sich zu nehmen.

So weit der Traum. Aber einen Partner zu haben, macht nicht zwangsläufig glücklich, und eine Familie zu haben auch nicht. Es kommt nämlich nicht darauf an, was man hat, sondern wer man in den erträumten Zusammenhängen ist. Haben kann man viel, Materielles wie ein großes Auto, ein Flugzeug, eine Menge Geld oder Immaterielles wie einen Partner oder Kinder. Aber sein kann man deshalb nichts automatisch. Zum Beispiel ist man nicht automatisch ein erfüllter Partner, weil man einen Partner hat. Man ist auch nicht deshalb ein liebevoller Vater oder eine liebevolle Mutter, weil man Kinder hat.

Wer sein Glück von der Umsetzung seiner Bilder abhängig macht, vom Haben des Partners oder vom Haben einer Familie, der läuft Gefahr, in diesem Traum verloren zu gehen. Er glaubt, dass ihm Partner und Familie etwas bringen werden. Doch diese Beziehungsformen können ihm nichts bringen – außer der Chance, darin jemand Bestimmtes zu sein.

Wer eine Partnerschaft hat, für den ergibt sich die Chance, darin Partner zu sein, also ein Mensch, der sich auf sein Gegenüber bezieht. Wer in seiner Beziehung Glück erleben will, kommt deshalb nicht um die Frage herum, wer er darin ist und wer er darin sein will. Und er kann sich auch nicht die Aufgabe ersparen, dieser dann tatsächlich zu sein.

Eine Geschichte

Kurt und Britta haben zwei Kinder, ihre Beziehung ist fünf Jahre alt. Kurt ist relativ vermögend und baut seit drei Jahren an einem Haus für die Familie. Das Projekt ist groß angelegt und nimmt viel Zeit und Energie in Anspruch. Er versucht, alles unter Kontrolle zu haben und so perfekt wie möglich zu machen. „Ich tue das für die Familie."

Doch Kurt gerät in eine Mischung aus Besessenheit und Stress, er hat immer weniger Zeit für seine Frau und die Kinder.

Aufgrund seiner Belastung lässt er seine Partnerin mit den Kindern allein, er glaubt, Wichtigeres zu tun zu haben. Immer wieder betont er, es für die Familie zu tun, und bemerkt nicht, dass seine Frau ihre Versuche, seine Unterstützung zu erhalten, mit ihm zu sprechen, ihn zu erreichen, nach zweijährigem Kampf fast aufgegeben hat.

Als seine Frau sagt: „Ich gebe dir noch zwei Monate, dann verlasse ich dich", erkennt Kurt, dass er inzwischen mehr „Hausbauer" als „Beziehungspartner" ist. Im letzten Moment reißt er das Ruder herum und verlagert den Fertigstellungstermin des Hauses zwei Jahre nach hinten. Dann fährt er mit seiner Frau und den Kindern in den Urlaub. Er hat sich im letzten Moment dafür entschieden, Partner zu sein.

Auf den Punkt gebracht

- Glückserwartungen sind meist unbewusst und werden häufig auf den Partner projiziert.
- Kein Partner ist für das Glück des anderen verantwortlich.

Aus der Trickkiste

Wenn Sie sich unglücklich fühlen, beantworten Sie sich folgende Fragen:
- Was habe ich mir von dieser Beziehung versprochen? (Es kann sich dabei auch um unrealistische Erwartungen handeln.)
- Womit genau bin ich unglücklich?
- Welche Prioritäten setzte ich, welche setzt, glaube ich, mein Partner?
- Von welcher Veränderung würde ich mir Glück versprechen, was konkret würde mich glücklich machen?

Wer bin ich, und wer will ich sein? In einer Beziehung kann man aus dem Auge verlieren, wer man darin sein möchte. Einst war man jemand Bestimmtes, doch die Ereignisse haben Spuren hinterlassen und „einen anderen" aus einem gemacht. Der Partner sagt dann manchmal: „Du bist nicht mehr der Mann/die Frau, den/die ich kennengelernt habe." In solchen Fällen hilft die Übung „Wer bin ich jetzt, wer will ich sein?" (siehe Seite 50).

Langeweile

Ein Gedicht von Rainer Maria Rilke, „Der Panther", beschreibt eindrucksvoll, wie Langeweile erlebt wird: „Der weiche Gang geschmeidig starker Schritte, der sich im allerkleinsten Kreise dreht, ist wie ein Tanz um eine Mitte, in der betäubt ein großer Wille steht."

Was ist los mit dem Panther?

Er kann sein Leben nicht leben, sein Wille ist in einem Käfig eingesperrt, er ist wie betäubt. Wer Langeweile erlebt, befindet sich gleichsam in einem Käfig mit Gitterstäben aus Verboten und Zwängen. Die Arbeit ist langweilig? Aber ich muss doch von etwas leben! Die Beziehung ist langweilig? Aber ich muss doch Rücksicht nehmen!
Allerdings ist hier niemand in einen Käfig gezwängt worden, der Betreffende hat sich freiwillig hineinbegeben. Nun aber ist sein Wille umgeben von Geboten, Verboten und Zwängen. Man muss… man kann doch nicht… Keinesfalls ist es in Ordnung…
Als ob es nur diese eine Möglichkeit des Verhaltens gäbe! Als ob sich alle Menschen in solchen Situationen genau so verhalten würden! Als ob kein Schritt aus einer lästigen Gewohnheit hinaus möglich wäre! Als ob es automatisch ins Verderben führen würde, wenn man das Wagnis eingeht, ein paar Gitterstäbe zu zerbrechen.
Langeweile besteht darin, sich selbst zu unterdrücken, und eigene Lebensimpulse zu betäuben bleibt nicht ohne Folgen. Die Folgen der inneren Verbote sind emotionale Spannungen und Unzufriedenheit, im Extremfall Unglück.

Sich Leben erlauben

Wer der Langeweile entkommen will, muss sich eine Erlaubnis geben. Wozu? Dazu braucht es keine Grübelei, dazu kann man sich von seinen Impulsen, Sehnsüchten und Tagträumen beraten lassen. Das Schlüsselwort hierzu lautet: „Am liebsten …" Am liebsten nämlich würde ich … mit Routinen brechen, viel öfter mal das eine oder andere Risiko eingehen, einen Schritt ins Unbekannte tun, unvernünftig sein, etwas Verrücktes unternehmen. Am liebsten wäre ich … ein Panther. Oder ein Vogel. Oder ein Delfin.
In jedem Langweiler steckt eine Kraft, eine zurückgehaltene Fähigkeit, die gelebt werden will. Ansonsten wäre keine Langeweile möglich. Langeweile zu haben bedeutet, die Anstrengung zu fühlen, die beim Versuch entsteht, sich selbst zu zähmen.
Das trifft auch auf Beziehungen zu. Wer sich darin langweilt, hält sich dem Partner gegenüber zurück. Langeweile beim täglichen Fernsehen, beim Totschlagen der Freizeit? Was würden Sie tun, wenn Sie sich trauen würden? Das Ding aus dem Fenster werfen, in den Keller stellen oder die Fernbedienung verstecken? Langeweile im Bett? Wozu fühlen Sie sich verpflichtet? Was würden Sie am liebsten tun oder lassen?

Emotionen

Eine Geschichte

Angelika ist unzufrieden, sie langweilt sich an den Abenden. Ihr Freund steht nach dem Essen auf und schaltet den Fernseher an. Sie können sich dann zwar unterhalten, aber die Aufmerksamkeit von Peter ist stets nur zum Teil bei ihr.

Angelika wird zunehmend langweilig, sie reißt sich zusammen, bis sie schließlich aus der Haut fährt. Eines Abends steht sie auf, schaltet den Fernseher aus, stellt sich vor ihren Freund und erklärt: „Schluss jetzt damit, keine Minute Fernsehen mehr mit dir. Wenn du fernsehen willst, dann ohne mich, mach es allein. Ich geh mich amüsieren. Du kannst mitkommen oder hierbleiben." Dann verlässt sie die Wohnung und kommt erst in der Nacht zurück. Peter ist schockiert, aber auch beeindruckt. Er geht auf seine Freundin zu.

Auf den Punkt gebracht

- Wer sich langweilt, sperrt sich selbst ein. Doch Lebendigkeit erfordert es, aus sich herauszukommen.
- Wer sich über eine langweilige Beziehung beklagt, muss selbst ein Langweiler sein. Er verbietet sich etwas.
- Aus sich rauszukommen kann mit der Verkündung anfangen, dass man sich langweilt, dass man unzufrieden ist, dass man Lebendigkeit vermisst. Dass man Hunger auf Leben hat. Dass man am liebsten …

Aus der Trickkiste

Wenn Sie unter Langeweile leiden, beantworten Sie sich folgende Fragen:
- Was würde meine Langeweile noch vergrößern? Was müsste ich tun oder lassen, um mich regelrecht zu Tode zu langweilen?
- Was hingegen wäre das genaue Gegenteil davon?
- Was würde ich tun oder lassen, wenn ich kein Langweiler wäre, sondern ein Abenteurer, der das lebt, was ihn wirklich erfüllt?

Sehnsüchte

Sehnsüchte sind Hinweise auf einen empfundenen Mangel. Sie tauchen als Gefühl oder in Form von Zukunftsvorstellungen und Tagträumen auf. Diese Gefühle und Bilder schieben sich unangemeldet ins Bewusstsein, sobald dort Raum zur Verfügung steht, wenn man entspannt ist oder wenn man sich nicht mehr auf etwas anderes konzentrieren kann. Daher scheint es unmöglich, Sehnsüchte zu kontrollieren.

Wer sich seinen Sehnsüchten nicht zuwendet und sie lange Zeit unerfüllt mit sich herumträgt, trägt zu ihrem stetigen Wachstum bei. Je nach Dringlichkeit und Dauer sind sie irgendwann in der Lage, das Bewusstsein teilweise zu besetzen. Man wird die Bilder oder Gefühle einfach nicht los, sie beschäftigen den Geist oft oder unentwegt.

Im Extremfall sorgen unerfüllte Sehnsüchte sogar für regelrechte Besessenheit.

Dann mag sich ein Partner immer stärker nach Kindern sehnen. Ein anderer nach einem Haus auf dem Land. Beide mögen von Karriere und Reichtümern träumen. Eine der größten Sehnsüchte in Beziehungen ist, möglichst alle Sehnsüchte miteinander stillen zu können. Das ist die bekannte und verbreitete Sehnsucht nach dem „richtigen" Partner, die ebenfalls zu einer Art von Besessenheit ausarten kann (siehe auch mein Buch „Lebt die Liebe, die ihr habt").

Die Fantasien hinterfragen

In solchen Fällen von Besessenheit glaubt man krampfhaft, etwas Bestimmtes haben zu müssen – ein Kind, ein Haus, viel Geld, den perfekten Partner. Man macht sich auf die Suche danach und investiert viel Kraft da hinein. Manche verbringen ein halbes Leben damit, auf ein Ziel hinzuarbeiten, das von Sehnsüchten vorgegeben wird, ohne es jemals zu hinterfragen.

Auf einer tieferen Ebene geht es aber nicht darum, etwas Bestimmtes zu haben, sondern jemand Bestimmtes zu sein. Haben und Sein sind bei Weitem nicht identisch. Man kann ein Haus haben und dennoch nicht geborgen sein, ein Kind haben und dennoch nicht verbunden sein oder einen Partner haben und dennoch nicht geliebt sein oder lieben.

Auf den Punkt gebracht

- Die Sehnsucht nach einem Lebenszustand – beispielsweise Gelassenheit, Lebendigkeit, Geborgenheit – kann sich dem Bewusstsein nicht direkt mitteilen.
- Das Unbewusste bedient sich daher vor allem bestimmter Bilder, um zu zeigen, was es anstrebt – ein Traumhaus, Kinder, den idealen Partner, mit dem man alles teilen und gemeinsam erleben kann.
- Das Ziel liegt jedoch meist nicht im Bild, sondern im Ziel hinter dem Ziel: in dem Zustand, den man sich vom Erreichen des Lebenstraumes, vom Umsetzen der Bilder, verspricht.
- Werden Sehnsüchte und Tagträume nicht genau untersucht und hinterfragt, kann es passieren, dass man jahrelang einer Seifenblase hinterherjagt.

Aus der Trickkiste

Wenn Sie von Sehnsüchten gequält werden, lohnt es, sich über Folgendes klar zu werden:
- Wie sieht mein Leben ganz konkret aus, wenn sich alle meine Sehnsüchte erfüllt haben?
- Schauen Sie sich in diesem zukünftigen Leben um und stellen Sie fest: Wer bin ich dort? Was kann ich dort? Was muss ich nicht mehr?
- Benennen Sie den Zustand, den Sie dort erreicht haben, beispielsweise Lebendigkeit, Selbstsicherheit oder Entspanntheit.
- Fragen Sie sich: Muss ich erst all das haben, wovon ich träume, um so sein zu können? Oder könnte ich ein Stück davon gleich erleben?

Wenn Ihr Partner Sehnsüchten nachjagt, die Sie betreffen, die Sie aber nicht teilen, machen Sie ihm klar, was seine Sehnsüchte bei Ihnen auslösen (Ängste, Abneigung, Distanz ...) Haben Sie ganz andere Sehnsüchte? Dann halten Sie diese ebenso hoch, damit Ihr Partner nicht glaubt, Sie würden seine Sehnsüchte teilen.

Trauer

Trauer bezeichnet eine starke emotionale Reaktion auf Verlust. Die Empfindung bringt oftmals großen Schmerz mit sich, was ein Grund für die in unserer an Plänen und Absichten orientierten Gesellschaft verbreitete Schwierigkeit ist, Trauergefühlen nachzugeben.

Worum lässt sich trauern? Um alles, was man verlieren kann. Man kann die Jugend verlieren, die Gesundheit oder Fitness, den Job, den Glauben, nicht zuletzt einen geliebten Menschen, einen Freund, ein Kind oder einen Partner. Auch in bestehenden Beziehungen haben Verlust und Trauer ihren Platz. Partner können beispielsweise um gescheiterte Pläne trauern („Wir wollten ein Haus bauen."), um geplatzte Träume („Wir wollten eine Weltreise machen."), um enttäuschtes Vertrauen („Wir wollten uns treu sein.") und vieles mehr.

Den Schmerz zulassen

Partner können und sollten solche Verluste betrauern, denn gerade in Beziehungen nimmt man sich auch solche Dinge vor, die man beim besten Willen und mit größter Anstrengung miteinander nicht hinbekommt. Darüber kann man traurig sein. Doch die Versuchung, sich gegenseitig die Schuld an der Entwicklung zu geben, ist groß, und solche Schuldzuweisungen werden so lange aufrechterhalten, wie Partner den Schmerz nicht zulassen.

Gemeinsame Trauer bedeutet dann letztlich das Ende von Schuld und die Bereitschaft anzunehmen, dass ein Verlust schmerzt. Der Trauernde erlaubt seinen Gefühlen, seiner Melancholie, seinen Gedanken, seinen Tränen, gewissermaßen durch ihn hindurchzugehen. Das tut letztlich gut, weil er dadurch loslässt, was er eben doch nicht festzuhalten vermag.

Wer seiner Trauer fernbleibt, fürchtet meist unbewusst, der Schmerz wäre zu stark, um ihn auszuhalten. Der Schmerz aber wird dadurch konserviert. Das Ergebnis der Angst vor dem Trauern kann Verbitterung sein und Distanz zum Partner.

Eine Geschichte

Gerd und Johanna wollten sehnlich ein Kind miteinander. Doch nun stellt sich heraus, dass Gerd unfruchtbar ist. Johanna ist niedergeschlagen, woraufhin Gerd versucht, sie aufzuheitern. Er sagt Dinge wie:

„Wir haben doch uns!", und: „Das Leben geht weiter." Johanna, die selbst gegen ihre Schmerzen kämpft, bekommt den Eindruck, der Verlust würde Gerd nichts ausmachen. Sie beschließt, sich von ihm zu trennen, und teilt ihm das auch mit.
Die beiden suchen eine Paarberatung auf, wo es ihnen nach einigen Sitzungen gelingt, den Schmerz zu berühren. Schließlich weinen sie gemeinsam um den Verlust ihrer Träume und der Sehnsucht nach einer Familie. In diesem Schmerz sind sie sich nahe. Sie beschließen zusammenzubleiben.

Auf den Punkt gebracht

- Es ist oft schwer, große Verluste zu betrauern. Zu Anfang wehrt man sich gegen das Unvermeidliche.
- Wenn realisiert wird, dass ein Verlust nicht rückgängig gemacht werden kann, ist es Zeit, den Schmerz zuzulassen.
- Wie lange ein Trauerprozess dauert, lässt sich nicht voraussagen. Oft tauchen schmerzliche Erinnerungen noch Jahre später auf, wie Wellen, die nur ganz allmählich verebben.

Aus der Trickkiste

Wenn Sie Trauer erleiden, die sich nicht auflöst, dann wahrscheinlich deswegen, weil Sie zu viel passiv trauern. Sie erleiden das Gefühl, und vielleicht wehren Sie sich auch dagegen. Doch Geister, die man einfach nicht vertreiben kann, lädt man besser ab und zu ein. Trauern Sie aktiv, beispielsweise indem Sie Folgendes tun:

- Gestatten Sie sich bewusst für eine Zeit, traurige Gefühle zu haben und diesen nachzugeben. Sie können dazu auch traurige Musik hören oder traurige Lieder singen.
- Schreiben Sie Briefe an eine vermisste Person, wenn sich die Trauer auf den Verlust bezieht.
- Nehmen Sie Kontakt mit anderen Trauernden (beispielsweise in Selbsthilfegruppen) auf.
- Wenn Ihre Trauer nicht enden will, scheuen Sie sich nicht, psychotherapeutische Unterstützung zu suchen und anzunehmen.

Verachtung

Partner können sich gegenseitig an den Rand der Verachtung oder darüber hinaus bringen, und zwar so massiv, wie das überhaupt nur Liebenden möglich ist.

Es gehört nämlich zu den Merkwürdigkeiten der Liebe, dass man irgendwann womöglich genau das verachtet, wovon man in der Phase der Verliebtheit besonders fasziniert war. Anfangs war der andere „so zart", heute ist man von seiner „Schwäche" genervt. Anfangs war der andere „so stark", heute ist man von seiner „Dominanz" genervt. Anfangs war der andere „so zielstrebig", heute ist man von seiner „Verbissenheit" genervt. Anfangs war der andere „so verspielt", heute ist man von seiner „Gleichgültigkeit" genervt.

Man sucht, was einem fehlt

Man verliebt sich oft in Eigenschaften, über die man selbst mehr verfügen möchte, zu denen man aber wenig Zugang hat. Über das Zusammensein hat man dann Kontakt mit dem, was man für sich selbst mehr ersehnt. Gelingt es auf Dauer nicht, diese Eigenschaften in sich selbst zu entwickeln, nerven sie in bestimmten Situationen gerade deshalb, weil sie einem fehlen.

Wer sich beispielsweise keine Schwäche zugestehen kann, glaubt auch für den Partner stark sein zu müssen. Er ist doppelt belastet und fühlt sich überlastet, kann das aber nicht eingestehen, weil er ja „stark" ist. Dann klagt er den Partner für dessen angebliche Schwäche an, damit dieser stärker werden und ihn entlasten möge. Die Klage sagt im Grunde: „Ich möchte selbst weniger tun, tu du dafür mehr!" Natürlich kommen beim anderen die Vorwürfe an und nicht der Hilferuf – und dann beginnt die gegenseitige Verachtung.

Wo liegt die eigene Schwäche?

Sicher kann man den anderen für dessen Schwäche verachten, aber was bringt das? Da entdeckt man besser, dass man sich selbst überfordert fühlt und vom Partner Unterstützung erwartet. Natürlich kann man den anderen für dessen „Triebhaftigkeit" verachten. Sinnvoller ist es jedoch, sich vor Übergriffen zu schützen und nichts mitzumachen, was man nicht will.

Eine Geschichte

Andrea will nicht mehr mit ihrem neuen Freund schlafen. Sie wirft ihm vor, ein schlechter Liebhaber zu sein, und verachtet ihn für seine „fehlende Sensibilität" und dafür, dass es ihm nicht gelingt, sich auf sie „einzustellen".

Robert ist erstaunt, aber er lässt sich nicht so leicht ins Bockshorn jagen. „Seit wann bin ich denn ein schlechter Liebhaber?", will er von ihr wissen. „Bisher fandest du es doch gut, oder nicht?"

„Nein, es war von Anfang an nicht gut", entgegnet Andrea schließlich, also schon seit ganzen zwei Monaten.

„Und du hast schön brav mitgemacht?", fragt er und setzt nach: „Du scheinst nicht besonders auf dich zu achten."
Andrea ist sprachlos, aber dann gibt sie ihm recht. Ihr Gefühl der Verachtung für ihn hat sich aufgelöst.

Auf den Punkt gebracht

- Man verliebt sich in Eigenschaften am anderen, die man in sich selbst nicht entwickelt hat – aber gern entwickeln würde.
- Man verachtet am Partner oft genau das, wozu man selbst eigentlich mehr Zugang haben möchte.
- Wenn man mehr von diesen Eigenschaften in sich selbst entwickelt, erkennt man deren positive Seiten und erfährt, was sie zur Lebensqualität beitragen. Das löst die Verachtung auf.
- Entwickelt man jedoch die entsprechenden Qualitäten nicht, vertieft sich die Verachtung, und das kann letztlich die Beziehung zerstören.

Aus der Trickkiste

Wer bemerkt, dass er den Partner verachtet, der kann sicher sein, dass er etwas in sich missachtet fühlt. Statt seine Verachtung über dem Partner auszugießen, kann er sich damit befassen, was in ihm selbst beachtet werden sollte und wofür er die Unterstützung und Anerkennung des anderen erwartet. Die Frage bietet sich an: „Was müsste mein Partner an mir achten, damit ich keine Verachtung für ihn empfinde?"

Wer der Verachtung des Partners anheimfällt, sollte sich innerlich aufrichten und sich klarmachen, dass Verachtung ein Urteil ist und keine Wahrheit. Dann aber kann er einen Schritt weitergehen und sich fragen, wofür sein Partner Achtung vermissen könnte. Hier bietet sich die Frage an: „Was müsste ich an ihm achten, damit mein Partner keine Verachtung für mich empfindet?"

Verbitterung

Nicht wenige Menschen wenden der Liebe irgendwann in ihrem Leben verbittert den Rücken zu. Das hat allerdings weniger mit der Liebe als mit ihrem Umgang damit zu tun. Menschen, die gegen Ende ihres Lebens – was die Liebe angeht – ordentlich verbittert sind, haben sich oftmals unbewusst an bestimmte Ratschläge oder unterschwellige Regeln gehalten. Man hört sie sehr häufig, aber das macht sie kein bisschen wahrer:

- Erwarten Sie von Ihrer Beziehung die Erfüllung all Ihrer Wünsche.
- Wähnen Sie sich am Ziel all Ihrer Träume, sobald Sie endlich einen festen Partner gefunden haben.
- Machen Sie sich dann von Ihrem Partner möglichst umfassend abhängig, indem Sie von ihm die Erfüllung all Ihrer Bedürfnisse und Wünsche erwarten.
- Fordern Sie den Partner auf, seiner Bedürfniserfüllungspflicht nachzukommen, und machen Sie ihm permanent Vorwürfe, seinen Pflichten nicht ausreichend gerecht zu werden.
- Erwarten Sie einen perfekten Partner. Verabscheuen Sie seine Schwächen und Unzulänglichkeiten. Legen Sie Listen an, auf denen Sie seine Fehler akribisch notieren, und halten Sie ihm diese regelmäßig vor die Nase.
- Halten Sie sich selbst für absolut perfekt. Stellen Sie auf gar keinen Fall Ihr eigenes Verhalten in Frage.
- Entwickeln Sie unrealistische Erwartungen in Bezug auf die Liebe. Beispielsweise:
  - Wenn man liebt, liebt man alles am anderen.
  - Wenn man liebt, versteht man sich stillschweigend.
  - Wenn man liebt, streitet man nicht.
  - Liebe ist garantiert, sie bleibt für immer und ewig.
- Machen Sie gute Miene zu bösen Spielen. Ertragen Sie Dinge, die Ihnen unerträglich sind. Zwingen Sie sich beispielsweise zum Sex oder spielen Sie sexuelle Erfüllung vor. Halten Sie diese Opferbereitschaft dem Partner vor, sobald dieser versucht, sich von Zwängen zu befreien.
- Unterdrücken Sie Ihre Unzufriedenheit und zeigen Sie keine Verletzungen. Schlucken Sie bittere Pillen schweigend.
- Mit anderen Worten: Geben Sie die Verantwortung für sich auf und schieben Sie diese dem Partner zu.

Mir ist klar, dass diese Liste unvollständig ist. Aber solche Vorstellungen geistern durch viele Beziehungen. Wenn Sie sie lesen, prüfen Sie mal nach, wie sie „schmecken". Bitter, oder?

Eine Geschichte

Ich hatte die Möglichkeit, eine Frau zu interviewen, die sich mit 52 Jahren gegen die Liebe entschieden hatte. Sie erklärte mir nachvollziehbar, worin die Vorteile für sie lagen: „Ich kann aufstehen, wann ich will. Ich muss mich nicht mit jemandem um die Fernbedienung streiten. Ich muss niemanden auf mich aufsteigen lassen, damit er sich an mir befriedigen kann. Ich fahre an die Orte, die ich sehen will. Ich gebe Geld für das aus, was ich mir leisten will … Ich glaube nicht mehr an die Liebe, ich glaube jetzt an mich."

Diese Frau hatte ganz offenbar etliche der obigen Ratschläge befolgt; und sie hat eine Entscheidung für sich getroffen. Mit „der Liebe" hat diese wenig zu tun, mit ihrem Verhalten in den beiden davor liegenden Ehen hingegen viel.

Auf den Punkt gebracht

- Das Leben kann manchmal bitter sein. Doch nur wer an Verbitterungen festhält, für den wird es ganz und gar bitter.
- Verbitterung entsteht, wenn man sich selbst oder andere überfordert und sich an nicht erfüllbare Erwartungen klammert.

Aus der Trickkiste

Wenn Sie sich am Rande der Verbitterung fühlen oder über bestimmte Vorfälle verbittert sind:

- Stellen Sie fest, womit Sie in der Beziehung unzufrieden sind. Beschreiben Sie Ihr eigenes Verhalten in Bezug auf dieses Thema. Formulieren Sie dann Ihre ganz eigene „Anleitung zur Verbitterung und Unzufriedenheit".
- Haben Sie beispielsweise den Eindruck, Ihr Partner bestimme zu viel, lautet Ihr eigenes Verhalten „Hinnehmen". Formulieren Sie Ratschläge, wie man etwas hinnimmt. Machen Sie diese Ratschläge konkret. „Um dich benachteiligt zu fühlen, lass den anderen … das Restaurant aussuchen … den Urlaubsort bestimmen … und so weiter."
- Wenn Sie auf diese Weise klarer erkannt haben, was Sie tun müssen, um frustriert zu werden, tun Sie etwas vom genauen Gegenteil.

Verletzungen

Partner fügen sich Verletzungen und Wunden zu. Beim besten Willen und mit größter Vorsicht scheint das unvermeidbar. Buchtitel wie „Wenn es wehtut, ist es keine Liebe" und die Ratschläge zahlloser Experten unterstützen Partner leider im vergeblichen und frustrierenden Versuch, dem Ideal perfekter Liebe und vollkommener Hingabe gerecht zu werden.

Anstatt sich nach dem Himmel zu strecken, scheint es mir angebracht, mit Verletzungen auf der Erde umzugehen. Die Überzeugung „Es ist okay, dass wir uns manchmal verletzen" zeugt von einem gewissen Realismus. Man kann, selbst wenn man es nicht beabsichtigt, dem Partner wehtun, und man kann, auch wenn man sich für souverän hält, verletzt sein. Verletzt werden immer Erwartungen, und gerade die Erwartung, sich gegenseitig nicht zu verletzen, gehört zu denjenigen, die am ehesten und nachhaltigsten verletzt werden.

In Beziehungen laufen unzählige Erwartungen mit, von denen nur ein Teil bewusst ist. Wenn ein Partner beispielsweise sagt: „Ich bin mit unserer Sexualität unzufrieden", verletzt das den Partner unweigerlich, weil der etwas anderes erwartet hat. Oder wenn einer sagt: „Du bist zu dick geworden, dein Körper gefällt mir nicht mehr", verletzt er unvermeidlich die Erwartung des anderen, begehrt zu werden. Oder wenn einer sagt, er wolle keine Kinder, verletzt er den anderen, wenn sich dieser welche mit ihm wünscht.

Verletzungen können sehr trickreich als Waffe eingesetzt werden, um den Partner zu manipulieren und zu Wohlverhalten zu bewegen, nach dem Motto: „Wenn du nicht tust, was ich erwarte, bin ich sehr verletzt!" Fällt der Partner darauf herein, wird er sich zurücknehmen. So sehr, dass er eines Tages „aus der Haut fährt", aus einer Haut, die ihm zu eng geworden ist und die er daher sprengen muss.

Wunden anerkennen

Ist eine Verletzung anerkannt, braucht sie Raum. Die einfache Bestätigung „Ich sehe, dass du verletzt bist" ermöglicht es dem einen Partner, seinen Schmerz zu fühlen, und dem anderen, diesen nachzufühlen. Auch im Schmerz kann man verbunden sein. Meist kann ein Partner den Schmerz seines Gegenüber jedoch nur so weit anerkennen, wie er eigenen Schmerz zu ertragen in der Lage ist. Ist seine persönliche Schmerzgrenze überschritten, wird es schwer für ihn, die Gefühle auszuhalten. Auch hier ist das Bekenntnis „Das geht mir jetzt zu nah" besser, als gegen die Gefühle des anderen anzukämpfen.

Verletzungen lassen sich wie kleine oder große Wunden sehen. Manche Wunden heilen schnell, andere brauchen lange Zeit, um sich zu schließen. Das verhält sich bei Körper und Seele recht ähnlich. In jedem Fall brauchen sie Zeit zu heilen, und manchmal hinterlassen sie Narben.

Auf den Punkt gebracht

- Zu Beginn einer Beziehung sind viele Erwartungen unbewusst vorhanden.
- Es ist unvermeidlich, dass immer wieder Erwartungen verletzt werden.
- Erst in der Auseinandersetzung über Erwartungen klärt sich, welche akzeptiert werden und welche nicht, welche realistisch und welche unerfüllbar sind.

Aus der Trickkiste

Was tun bei Verletzungen? Es bringt nichts, sich endlos Vorwürfe zu machen oder zu warten, bis der andere seine Angriffe oder hinterhältigen Attacken einstellt. Es ist besser, sich mit den gebrochenen Erwartungen zu befassen.

Wer sich verletzt fühlt oder den Partner verletzt, sollte sich Antwort auf folgende Fragen geben:
- Gegen welche Erwartungen ist verstoßen worden?
- Welche Erwartungen sind seit Kurzem oder Langem unerfüllt?
- Wie fühlt sich das an?
- Wie weh tut es?
- Sind unsere Erwartungen unterschiedlich?
- Sind diese Erwartungen wirklich so selbstverständlich, wie sie scheinen?
- Sind sie realistisch in Bezug auf diesen konkreten Partner, mit dem ich zusammen bin?
- Was kann er von mir, was kann ich von ihm erwarten – und was nicht?

Wenn Sie sich sehr häufig verletzt fühlen, können Sie über folgende Punkte reflektieren.
- Machen Sie sich Ihre wunden Punkte klar. Was müsste der Partner tun oder sagen und wie müsste er es tun, damit Sie sich verletzt fühlen?
- Fragen Sie Ihren Partner nach seinen wunden Punkten.
- Hören Sie sich gegenseitig bei der Beschreibung zu, diskutieren Sie nicht, staunen Sie besser.
- Sprechen Sie auch darüber, was für jeden ein Wundbalsam wäre.

Wut

Wut ist eine feine Sache. Man kann sich darin spüren, seine ganze Kraft, seine wilde Entschlossenheit und auch seine potenzielle Macht.

Hinter Wut steckt immer der Wille zur Selbstbehauptung. Das erfordert, dass man in der Wut in erster Linie sich selbst, die eigenen Empfindungen und Ziele und nicht die des Partners wahrnimmt. Deshalb ist Wut an sich weder gut noch schlecht.

Wut wird oft dringend gebraucht

Wer bisher den Partner zu sehr berücksichtigt hat und nun selbst zum Zuge kommen will, der braucht eine Portion Wut, um seine Zurückhaltung aufzugeben, um aus sich herauszukommen, um egoistischer zu sein. Mit Wut kann man sich wunderbar abgrenzen, weil der andere plötzlich völlig unwichtig ist, solange man dieses berauschende Gefühl halten kann.

Wut richtet sich allerdings gegen jemanden, und dabei läuft sie Gefahr, blind zu werden. Die blinde Wut wirkt sich destruktiv aus, sie zerstört unter Umständen mehr, als einem im Nachhinein lieb ist.

Die eigentliche Kunst besteht daher darin, eine Wut für sich und nicht gegen den Partner zu nutzen. Wenn sie als Machtmittel eingesetzt wird, um den Partner einzuschüchtern, wirkt sie sich auf die Dauer wie ein Bumerang gegen den Wütenden aus. Keiner bekommt recht, nur weil er wütend ist; und Wut fordert Wut heraus oder noch schlimmer: Abwendung.

Wut ist ein sogenanntes Zweitgefühl, dem ein anderes vorausging. Zuerst ist eine Enttäuschung oder ein Schmerz da, dann kommt die Wut. Von diesem ersten Gefühl wird oft nichts bemerkt, und daher kann es nicht mitgeteilt werden. Wer dieses Gefühl hinter dem Gefühl nicht ausdrücken kann, der bleibt in seiner Wut gefangen. Er muss endlos „ausflippen" und leidet schließlich selbst unter dieser Hilflosigkeit. Wer indes seine Gefühle hinter der Wut offenbart, der hat eine Chance zu erfahren, ob eine Erwartung realistisch ist, ob sie erfüllt wird und wenn ja, unter welchen Bedingungen das geschehen kann.

Auf den Punkt gebracht

- Wut ist ein kraftvolles, mächtiges und oft notwendiges Gefühl. Es ist völlig in Ordnung, wütend zu sein.
- Es ist nicht in Ordnung, seine Wut am Partner auszulassen.
- Die Kunst besteht darin, Wut für sich und nicht gegen den Partner zu nutzen.
- Hinter der Wut steht immer ein anderes Gefühl, das früher aufgetaucht ist, nicht wahrgenommen wurde und die Wut ausgelöst hat. Dieses Gefühl gilt es zu finden: Meist handelt es sich um eine Enttäuschung, einen Schmerz.

Aus der Trickkiste

Wenn Sie von der Wut Ihres Partners betroffen sind und diese nicht noch ungewollt steigern möchten, halten Sie ihm nicht vor: „Du brauchst doch nicht wütend zu sein!" Dann würde er sich unverstanden fühlen und erst recht ausflippen. Sie könnten ihn dann zwar mit Recht beschuldigen, ausfallend zu werden, aber was haben Sie davon? Besser ist es zu sagen: „Ich sehe, dass du wütend bist. Aber was willst du eigentlich von mir? Willst du mich fertigmachen oder hast du etwas zu sagen? Gibt es etwas zu klären?"

Wenn Sie selbst schnell zum Wüterich werden: Vermeiden Sie zumindest den Gebrauch der Anklage „Du ...!" Etwa „Du bist doch völlig bescheuert, mich hier eine Stunde warten zu lassen!" Regen Sie sich stattdessen über sich selbst auf, beispielsweise mit den Worten: „Ich muss doch völlig bescheuert sein, hier eine Stunde zu stehen und auf dich zu warten!" Damit sind Sie näher daran, die Wut für sich zu nutzen, statt sie gegen den Partner zu richten. Hilfreich sind auch die Übungen zum Thema Vorwürfe (siehe Seite 128).

Kommunikation

Kommunikation in der Partnerschaft ist aus einem einfachen Grund mitunter sehr schwierig: Wenn es zu Komplikationen kommt, hat man sofort den Eindruck, der andere habe sie verursacht. Er ist schuld, es liegt an ihm. Doch daraus wird kein Schuh. Einer kann sich nicht streiten, einer kann nicht kämpfen, es braucht immer zwei zum Tango.

Man kann den Partner nicht ändern, aber man kann sein Verhalten beeinflussen. Das geht allerdings nur auf dem Weg, dass man sein eigenes Verhalten verändert. Völlig zerstrittene Partner versichern oft, sie hätten „alles versucht". Das stimmt zweifellos, wenn man bedenkt, dass sie damit meinen, „alles mir bisher Mögliche" versucht zu haben. Doch seien Sie versichert, dass das längst nicht alles ist. Es gibt viel an sich zu entdecken, das einem Hinweise darauf gibt, wie man Aussagen des Partners versteht und missversteht, wie man ihm gegenüber auftritt und über welche Reaktionen, die man erhält, man sich nicht wundern braucht.

Auseinandersetzungen

Eine Beziehung kann man als eine „Zusammensetzung" betrachten. Man will zusammen sein, viel miteinander erleben und unternehmen. Vor lauter „Wir" gerät dann irgendwann das „Ich" aus dem Blick. Man nimmt sich zurück, man nimmt Rücksicht, man gibt nach, um die Gemeinsamkeit zu erhalten. Schließlich ist man frustriert und ärgerlich und irgendwann … platzt etwas heraus. Dann ist dicke Luft und es ist eine Auseinandersetzung nötig, um die Dinge klar zu bekommen.

Abstand tut not

Das Wort „Auseinandersetzung" beschreibt beeindruckend plastisch, was gebraucht wird, wenn die vermeintliche Harmonie und Gemeinsamkeit durch individuelle Unterschiede gestört wird. Man muss deutlich Abstand nehmen, sich buchstäblich auseinander und einander gegenüber setzen, um sich wieder als eigenständige Individuen wahrzunehmen.

Es ist nichts Falsches daran, unterschiedlich zu sein, ganz im Gegenteil ist die Unterschiedlichkeit der Partner eine Bedingung der Liebe der Individuen, die auf Unterschiede angewiesen ist. Man kann sich oft und intensiv miteinander eins fühlen, aber man wird nie miteinander eins sein, weil keiner der Partner seine Individualität aufgeben kann. Wenn das möglich wäre, wen sollte der andere dann lieben?

Sich auseinanderzusetzen erdet die Beziehung, weil man aus dem damit verbundenen Abstand erkennt, wer der andere (auch noch) ist, und weil man sich als der zu erkennen gibt, der man (auch noch) ist. Wer seine individuellen Eigenarten zeigt, schafft die Voraussetzung dafür, dass sie in der Beziehung ihren Platz finden. Nur wenn man in einer Beziehung der sein kann, der man (auch noch) ist, behält die Beziehung über die Zeit ihren Wert.

Wer glaubt, er käme in einer Beziehung um Auseinandersetzungen herum, wird früher oder später in einem offenen oder stummen Machtkampf landen. Der Versuch, ständig eins miteinander zu sein, führt zu Atemnot. Der Bedrängte provoziert dann unbewusst Streit und Konflikte – und schon ist Abstand da. Abstand ist nötig. Entweder man

lässt ihn aus freien Stücken zu oder er geschieht gegen den eigenen oder auch gegen den gemeinsamen Willen.

Auf den Punkt gebracht

- Bei Auseinandersetzungen ist es wichtig, dass sich Standpunkte und Meinungen begegnen. Vor der Einigung liegt die Abgrenzung, wer kein Gegenüber hat, das er anfassen und an dem er sich reiben kann, der ist auf eine spezielle Art allein gelassen.
- Erfolgreich geführte Auseinandersetzungen führen zu Einsicht und Mitgefühl und im besten Fall zu neuer Verbundenheit.
- Vieles lässt sich leichter in der Nähe zeigen, sagen und tun. Vertrautes, Zartes, Liebevolles. Doch der Abstand ist ebenso wichtig.

Aus der Trickkiste

Auseinandersetzen oder zusammensetzen? Wenn es etwas zu klären gibt, das mit unterschiedlichen Meinungen, Standpunkten und Einstellungen zu tun hat, sollte man sich an dem Wort „Auseinandersetzung" orientieren – und sich tatsächlich räumlich ein Stück auseinander setzen. Bringen Sie ein oder zwei Meter Abstand oder einen Tisch zwischen sich. Sie werden feststellen, dass es leichter ist, aus dieser Distanz heraus das zu sagen, was Sie vom Partner unterscheidet.

Wenn die Entfernung nicht reicht, vergrößern Sie die Distanz räumlich, etwa auf drei oder vier Meter. So wird spürbar, dass zwischen Ihnen und dem Partner ein Abstand besteht, und dass jeder seinen eigenen Raum braucht, um sich wahrzunehmen und sich als eigener Mensch mitzuteilen.

Wenn es um die Mitteilung von Dingen geht, die Ihnen nicht leicht fallen, dann kann es allerdings auch besser sein, die körperliche Nähe zu suchen. Man kann es sich auf dem Sofa bequem machen, Körperkontakt und Blickkontakt halten und sich einander anvertrauen. Etwa dann, wenn man zeigen will, dass man sich verletzt fühlt, wenn man sich für etwas schämt oder wenn man um Verzeihung für ein Verhalten bitten will.

Entschuldigungen

Partner tun sich gegenseitig einiges an, wofür sie sich entschuldigen wollen oder wofür der andere eine Entschuldigung verlangt. Doch der Satz „Ich entschuldige mich bei dir" ist nicht besonders stimmig. Man kann sich nicht selbst entschuldigen, das kann nur der andere für einen tun. Und darum kann man bitten.

Wer ist schuld?

Ich halte Entschuldigungen dann für sinnvoll, wenn die Frage der Schuld von den Partnern eindeutig beantwortet werden kann. Das ist eher selten der Fall, weil dem bösen Wort oder der gemeinen Tat des einen immer etwas auf Seiten des anderen Partners vorausgegangen ist. Steht eine Schuld jedoch eindeutig fest und genügt deren Bekenntnis, dann erscheint es auch sinnvoll, zu „vergeben" oder zu „verzeihen".

Dein Leid tut mir leid

Insgesamt komme ich mit dem Bekenntnis des Leides („Es tut mir leid.") allerdings besser klar als mit Entschuldigungen. Man kann dem Partner aufrichtig bekennen, dass einem die Worte, die man gesagt, oder eine Handlung, die man getan hat, leidtun. „Es tut mir leid, kannst du mir verzeihen?" Zuzugeben, dass man unter dem Leid des Partners leidet, drückt Verbundenheit mit ihm aus. Man kann dessen Schmerz in sich selbst fühlen – und das zu erkennen und zu spüren, wird dem Partner guttun.

Das Bekenntnis des eigenen Leids wird aber nur wirken, wenn es sich nicht um leere Worthülsen handelt, sondern wenn es vom anderen gefühlt werden kann. Ein gereizt dahingeworfenes „Tut mir leid!" wird nicht Verzeihen, sondern Ärger hervorbringen. Vielmehr ist Aufrichtigkeit hier das passende Stichwort.

Entschuldigungen fordern?

Von jemandem eine Entschuldigung zu verlangen, erfordert, ihn zuvor in die Schuld genommen zu haben, und es erfordert, Verabredungen und Versprechen gemacht zu haben, an die er sich nicht gehalten hat. Natürlich versprechen sich Partner auch die Liebe, aber darin liegt ein Haken. Liebe kann man nämlich nicht schulden. Liebe ist ein Geschenk und keine Leistung, die geschuldet wird, oder Pflicht, die erbracht werden muss.

Vor allzu schnellen Entschuldigungen, vor allem solchen, die den Partner besänftigen sollen, ohne dass ein echtes Schuldgefühl vorhanden ist, sei gewarnt. Man sollte schon genau wissen, wofür Entschuldigung verlangt oder erbeten wird, ansonsten wird ein Akt der Unterwerfung daraus. Wem etwas nicht leidtut, der sollte auch nicht so tun, bloß um des lieben Friedens willen. Ein scheinheiliger Friede vergiftet die Liebe, da ist es auf jeden Fall besser, sich noch eine Zeit lang mit der Frage der Schuld auseinanderzusetzen.

Auf den Punkt gebracht

- Entschuldigungen können verlangt oder angeboten werden, wenn etwas geschehen ist, was den Abmachungen widerspricht.
- Man kann sich nicht selbst entschuldigen. Man kann nur um Entschuldigung und Verzeihen bitten.
- Oftmals tut es dem anderen weh, die Andersartigkeit seines Partners zu bemerken, das, was ihn zu einem Individuum macht.
- Wer um einer verlogenen Harmonie willen einlenkt und sich „schuldig" bekennt, wird mit der Zeit eher Verachtung als Anerkennung ernten.
- Nicht immer ist für etwas, das einem leidtut, auch eine Entschuldigung angebracht.
- Entschuldigungen ohne aufrichtig gefühlte Schuld führen zu nichts anderem als zur Selbstentwertung.

Aus der Trickkiste

Wenn ein Partner sich schlecht behandelt fühlt: Schlucken Sie die Angelegenheit nicht herunter, warten Sie eine Weile ab, dann bringen Sie das Thema auf den Tisch. Wenn Ihnen Beschwichtigungen nicht ausreichen, verlangen Sie eine Wiedergutmachung. Die Verhandlungen darüber können höchst spannend und aufschlussreich sein. Vor allem sind sie nötig.

Wenn ein Partner sich schlecht benommen hat: Sie wissen, dass Sie zu weit gegangen sind? Fragen Sie einfach: „Wie kann ich das wiedergutmachen?" oder schlagen Sie selbst eine Möglichkeit vor. Schließlich weiß jeder etwas, von dem der andere träumt oder nach dem er sich sehnt.

Wenn Leid da ist, aber keine Schuld: Manchmal tut man etwas, das dem Partner offensichtlich wehtut, ohne damit aber eine Schuld auf sich zu laden. In dem Fall ist Mitgefühl, aber eben keine Entschuldigung angebracht. Beispielsweise: „Es tut mir leid, dass du dich allein fühlst, wenn ich meinem Hobby nachgehe. Aber ich entschuldige mich nicht dafür."

Kommunikation

Eine Beziehung kann als unablässig stattfindende Kommunikation betrachtet werden – als die Kommunikation von Liebe.

Wie wird Liebe mitgeteilt?

Der Großteil der Liebeskommunikation verläuft nonverbal. Natürlich spielen auch Worte eine Rolle, aber vor allem werden Gesten, Zärtlichkeiten, Blicke, ein Lächeln ausgetauscht. Dem Partner wird eine besondere Aufmerksamkeit entgegengebracht, man geht auf seine Wünsche und Bedürfnisse ein. Wenn jemand auf diese Weise erfährt, dass er in der Welt des anderen einen bevorzugten Platz einnimmt, dann weiß er auch, dass er geliebt wird.

Nun hört man oft, die Liebe bedürfe im hohen Maß verbaler Kommunikation. Doch was gesagt wird, kann sowohl zu Verbundenheit als auch zu Getrenntheit führen, je nachdem, um was es sich handelt und wie es aufgenommen wird. Denn das, was einer meint, wenn er etwas sagt, ist nicht mit dem identisch, was der andere versteht, wenn er etwas hört.

Es wird aussortiert

In der Kommunikation finden ständig Auswahlprozesse statt. Der eine wählt aus, was er sagt und was er verschweigt, der andere wählt aus, was er hört, wie er es versteht und wie er darauf reagiert. Kommunikation zwischen Partnern hat demnach sowohl mit Mitteilungen und Weglassungen zu tun, aber vor allem anderen mit der Deutung von beidem. Bei diesem vorwiegend unbewusst ablaufenden gegenseitigen Auswahlprozess kommt es natürlich unweigerlich zu Missverständnissen und Fehldeutungen. Wer glaubt, Kommunikation in einer Beziehung bestünde darin, dem Partner etwas zu sagen, der greift zu kurz. Ebenso wichtig ist es nachzuprüfen, ob und wie es verstanden wurde.

Ungehörte Botschaften

In der Paarberatung lautet eine der am meisten formulierten Aussagen: „Aber das habe ich dir doch schon oft gesagt!" Fast immer liegen die Betreffenden mit dieser Überzeugung daneben. Sie glauben zwar, etwas schon gesagt zu haben, aber dann stellt sich heraus, dass sie es zwar „so gemeint", aber anders gesagt haben. Oder sie haben es so gesagt, der Partner hat es aber anders verstanden.

Aus diesen Gründen besteht eine wichtige Aufgabe partnerschaftlicher Kommunikation darin, sich mit den jeweiligen Deutungen zu befassen. Wie ist das, was gesagt oder getan, nicht gesagt oder unterlassen wurde, zu verstehen? Was bedeutet es für den einen und was für den anderen? Wie kommt es auf der anderen Seite an und was löst es aus?

Eine Geschichte

Katja wollte ihren Mann Bernd öfter nicht küssen, weil er häufig Mundgeruch hatte. Sie zog dann ihren Mund weg, ohne etwas zu sagen. Nach einiger Zeit fällt ihr auf, dass er sie überhaupt nicht mehr küsst und auch ihren Küssen ausweicht.
Auf Nachfrage und einiges Drängen antwortete er, er habe den Eindruck, sie möge ihn nicht mehr, und er zöge sich deshalb zurück. Ihre Handlung wurde von ihm also gedeutet und führte zu einem monatelangen Missverständnis.

Auf den Punkt gebracht

- Kommunikation, gleich ob verbal oder nonverbal, wird von Auswahlprozessen und Deutungen geprägt.
- Man kann nie zu 100 Prozent sicher sein, sich richtig ausgedrückt zu haben oder richtig verstanden worden zu sein.
- Aber Partner können den Eindruck gewinnen, sich verstanden zu haben. Dieser Eindruck genügt, um sich gut miteinander zu fühlen. Bis zum nächsten Missverständnis, das es dann auszuräumen gilt.

Aus der Trickkiste

Wenn es um wichtige Themen geht:
Wenn Sie etwas sagen, prüfen Sie, wie es verstanden wurde. Sie können dann gegebenenfalls klarstellen, wie das Gesagte von Ihnen gemeint ist. Das könnte zum Beispiel so aussehen:
- „Ich möchte nicht mehr mit dir spazieren gehen."
- „Na, dann lassen wir es eben."
- „Wie verstehst du das denn?"
- „Ist doch klar, ich gehe dir wohl auf die Nerven."
- „Nein, ich habe nur keinen Spaß daran. Ich würde lieber etwas anderes mit dir unternehmen."

Befassen Sie sich mit Deutungen. Typische Formulierungen, die helfen, Deutungen zu erkennen, lauten beispielsweise:
- „Wie verstehst du das, was ich gesagt habe?"
- „Was bedeutet das genau für dich, was ich tue?"
- „Was bedeutet das Wort ... für dich?"

Du verstehst mich einfach nicht

Diese Übung dient dem besseren gegenseitigen Verstehen. Sie wird von beiden Partnern für einen Partner durchgeführt. Anschließend oder zu einem späteren Zeitpunkt sollte getauscht werden, sodass jeder von der Übung profitieren kann.

Gerade in Beziehungen kommt es leicht zu voreiligen Interpretationen, die für Wahrheiten gehalten werden und die Streit oder Distanz auslösen. In der Übung geht es darum, dass der Partner, der sich unverstanden wähnt, sicherstellt, richtig verstanden zu werden. Ein auf diese Weise verbessertes Verständnis führt dann natürlich auch zu Verhaltensänderungen.

Die Regeln dieser Übung

- Die Übung dauert maximal eine halbe Stunde pro Partner.
- Jeder äußert nur einige Sätze am Stück, dann spricht der Partner.
- Zwischen Fragen und Antworten müssen zehn Sekunden Zeit vergehen, wenn nötig auch zwanzig Sekunden. Also nicht sofort antworten, sondern erst schweigen und in der Zeit die Aussage des Partners wirken lassen. Sie werden sehen: Es kommt dann etwas anderes heraus, als wenn Sie sofort reagieren.
- In dieser Übung geht es nicht darum, sofort eine Lösung zu finden. Bevor sich eine Lösung zeigen kann, sollte verstanden und anerkannt werden, was beim Partner abläuft, im Sinne von: „Ja, jetzt wird mir klar, was bei dir geschieht, wie du die Sache verstehst."
- Es ist nicht sinnvoll, über Äußerungen und Gefühle zu diskutieren, erst muss man sie wahrnehmen. Ob sie verändert werden können, wird sich zeigen, wenn Verständnis aufgebracht ist.

SCHRITT 1:
Was soll verstanden werden?

- Ein Partner fühlt sich vom anderen unverstanden. Er wiederholt eine Behauptung oder Aussage seines Partners. (Beispiel: „Du sagst immer, ich müsste nicht eifersüchtig sein. Du verstehst mich nicht.")
- Zehn Sekunden Pause.
- Der Partner stimmt zu und fragt nach: „Okay, ich höre, du fühlst dich unverstanden. Was müsste ich denn verstehen?"
- Zehn Sekunden Pause.
- Der Unverstandene erläutert seine Empfindungen, Sichtweisen, Verhaltensweisen und fragt dann nach, wie er verstanden wurde. („Wenn du sagst, du kommst um acht, bist aber um zwölf noch nicht zu Hause, werde ich unruhig und bekomme Angst, du wärst mit jemand anderem zusammen. Verstehst du das?")
- Zehn Sekunden Pause.
- Der Partner sagt, was er verstanden hat und prüft so, ob es richtig ist. („Ich verstehe, dass du schlecht allein sein kannst. Habe ich das richtig verstanden?")

Kommunikation

- Zehn Sekunden Pause.
- Der andere korrigiert oder bestätigt die Aussage, er gibt einen Einblick, was tatsächlich bei ihm abläuft, was er denkt und fühlt. Er fragt wiederum nach, wie er verstanden wird. („Nein, ich kann gut allein sein. Ich halte nur die Ungewissheit schlecht aus. Dann mache ich mir alle möglichen Fantasien und denke, ich wäre dir gleichgültig. Verstehst du das?")
- Zehn Sekunden Pause.
- Diese Übung wird so lange weiter durchgeführt, bis der zunächst Unverstandene ausdrücklich bestätigt: „Ja, jetzt fühle ich mich von dir richtig verstanden."

SCHRITT 2:
Was wird durch das Verstehen verändert?

- Die Partner sprechen jetzt darüber, was sich durch dieses Verstehen für sie verändert. Wieder wird vor jeder Antwort und jeder Frage zehn Sekunden gewartet. Stellen Sie die folgenden Fragen:
  - Was ist für dich/für mich neu?
  - Was habe ich bisher nicht gesehen, so nicht gesehen, anders gesehen oder anders bewertet?
  - Welche neuen Ideen zum Umgang mit dem Thema oder zum Sachverhalt tauchen jetzt auf?
  - Wie wollen wir damit umgehen?

SCHRITT 3:
Die Übung für den anderen Partner wiederholen

- Möglicherweise will der andere ebenfalls mit einem Thema besser verstanden werden. Dann wird die gleiche Übung für ihn gemacht, im Anschluss oder später.

Umgang mit möglichen Schwierigkeiten

Achten Sie auf die Zehn-Sekunden-Regel! Wenn sich die Aussagen ein wenig im Kreis bewegen, macht das nichts. Verlängern Sie einfach die Pausen. Suchen Sie nicht vorschnell nach Lösungen, versuchen Sie vielmehr, das Problem besser zu verstehen. Gute Lösungsmöglichkeiten ergeben sich erst dann, wenn eine gute Grundlage dafür gelegt ist. Und diese Grundlage ist das richtige Verständnis.

Kritik

Eine mitunter schwer zu verdauende Tatsache besteht darin, dass der Partner ein eigener Mensch mit anderen Ansichten, Wünschen, Vorstellungen und Zielen ist, als man selbst sie hat. Er funktioniert nicht immer und will das auch nicht. Versuche, ihn mittels Kritik in die eigene Weltsicht einzuordnen und eigenen Lebensgewohnheiten anzupassen, stoßen daher regelmäßig auf Widerstand. Andererseits kann und will man nicht widerspruchslos mit allem leben, was der Partner einem zumutet. Kritik ist oft angebracht und auch berechtigt, allerdings sollte sie sinnvoll sein.

Ein Mensch, der sich auf eine Weise verhält

Der wahrscheinlich am weitesten verbreitete Fehler beim Kritisieren besteht darin, vom Verhalten des Partners auf seine Person zu schließen. Dann wird aus jemandem, der zu spät kommt, ein „rücksichtsloser Egoist", oder aus jemandem, der ungern tanzen geht, ein „Langweiler".
Gegen solche Etiketten, mit der seine Persönlichkeit beklebt wird, wehrt sich der Partner vehement. Er schlägt womöglich auf gleiche Weise zurück und schon ist eine Missstimmung da. Die Persönlichkeit zu kritisieren ist nicht nur ungeschickt, es ist zudem völlig sinnlos, denn sie lässt sich durch Zureden nicht ändern. Der Partner hat innere Gründe, so zu sein oder sich so zu verhalten. Und auch der gut gemeinte Vorsatz, den Wünschen des Partners entgegenzukommen, sich anzupassen und ab morgen „ein anderer" zu sein, scheitert regelmäßig am Betreffenden selbst.
Kritik sollte demnach nicht auf die Person, sondern auf das Verhalten des anderen zielen. Dann kann man sie eher annehmen. Statt zu behaupten: „Du bist ein Egoist", könnte man sagen: „Ich finde das Verhalten x und y egoistisch." Wer das im Eifer des Gefechts nicht schafft, der sollte zumindest seine Wahrnehmung verdeutlichen, etwa durch die Worte: „Für mich benimmst du dich wie ein Egoist", oder: „Für mich ist das egoistisch." Dann tritt er nicht als Wahrheitsverkünder auf, sondern macht zumindest deutlich, dass es sich um seine persönliche Deutung handelt.

Ein Mensch, der mal etwas Unerwünschtes tut

Ein zweiter verbreiteter Fehler beim Kritisieren besteht in der Verallgemeinerung eines kritisierten Verhaltens. Wer beispielsweise sagt: „Nie rufst du mich an, wenn du später kommst", lädt den Partner ein, sämtliche Telefonate aufzuzählen, die das Gegenteil beweisen. Generalisierungen von Verhalten durch Begriffe wie „nie" oder „immer" oder „jedes Mal" führen die Kritik an der Person durch die Hintertür wieder ein. Wenn jemand „immer" zu spät kommt, dann wäre er eben doch eine sehr unzuverlässige Person.

Auf den Punkt gebracht

- Kritik sollte immer konkret und verhaltensbezogen sein, statt Verallgemeinerungen zu enthalten.
- Bei reiner Kritik sollte man es nicht belassen. Besser ist es, zusätzlich die eigenen Erwartungen kundzutun, etwa in dieser Art: „Ich finde es nicht gut, dass du die Karten für das Konzert gekauft hast. Ich wünsche mir (oder ich verlange), dass du mich zukünftig in solche Entscheidungen grundsätzlich mit einbeziehst."
- Zu konkreter Kritik und geäußerten Erwartungen kann sich der Partner verhalten. Er kann zustimmen, ablehnen oder verhandeln, ohne sich als Person selbst infrage gestellt zu fühlen.

Aus der Trickkiste

Formulieren Sie fragwürdige Aussagen in sinnvollere um. Statt: „Du hast einen unmöglichen Ton drauf!" könnte es heißen: „Der Ton, in dem du mit mir sprichst, bereitet mir Schwierigkeiten." Oder statt: „Ständig meckerst du an mir herum!" sagt man: „Ich fühle mich oft von dir kritisiert. Was reicht dir nicht?" Statt: „Du arbeitest zu wenig", heißt es dann: „Ich bin verunsichert, was unsere Einkünfte angeht."

Kritik konkretisieren: Offene oder indirekt geäußerte Kritik kann, wenn sie wiederkehrt, auf ihren Informationsgehalt geprüft und so für die bessere Verständigung genutzt werden. Die Übung dazu ist einfach:
- Partner A macht eine kritische Äußerung.
- Partner B sagt, was er verstanden hat: „Du meinst ..."
- Partner A berichtigt oder konkretisiert seine Aussage.
- Partner B sagt, was er jetzt verstanden hat: „Du meinst ..."
- Dieser Ablauf geschieht so lange, bis das, was gesagt und verstanden wurde, deckungsgleich ist.
- Anschließend sprechen die Partner darüber, was neu ist und was sie damit anfangen wollen.

Metakommunikation

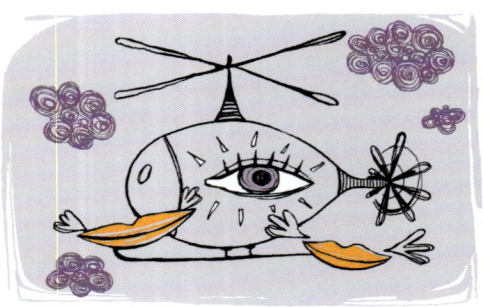

Kommunikation dient der Mitteilung und Verständigung. Sie hat ihren Zweck erfüllt, wenn Partner den Eindruck gewonnen haben, einander zu verstehen. Auch wenn es nie so sein wird, dass zwei ganz genau das Gleiche meinen, so genügt für eine funktionierende Beziehung der Eindruck, dass es so wäre. Weil dieser Eindruck aber nicht ewig erhalten bleibt, sind Partner darauf angewiesen, ihn immer wieder herzustellen, sich neu zu verständigen und ihre Kommunikation sozusagen nachzujustieren.

Sollte sich der Eindruck, einander zu verstehen, in Bezug auf bestimmte Themen partout nicht einstellen, dann wird eine Kommunikation schnell endlos oder fruchtlos und es bricht Streit aus. Vorwürfe fliegen hin und her, Standpunkte werden einander entgegengehalten, nutzlose Diskussionen geführt, ein Partner setzt sich ins Recht und den anderen ins Unrecht. Alles dreht sich sinnlos im Kreis, man kommt nicht vom Fleck, alles Reden und Bemühen führt zu nichts, jedenfalls zu nichts Gutem.

In solch einer Situation wird Abstand gebraucht, und dabei kann Metakommunikation helfen. In der Metakommunikation redet man nicht über das Thema selbst, sondern über die Art und Weise des Umgangs beziehungsweise des Sprechens miteinander. Man steigt gewissermaßen in einen Helikopter und schaut sich die Lage von oben an. Dabei stellt man die Suche nach konkreten Lösungen zurück und fragt sich beispielsweise erst einmal:

- Worum geht es hier eigentlich? Was ist das Thema, über das wir streiten?
- Wie gehen wir miteinander um, wie sprechen wir miteinander?
- Welche Standpunkte werden hier von dir und von mir vertreten?
- Warum kommt es nicht zu einer guten Verständigung?
- Was müsste geschehen, damit sich jeder verstanden fühlt, was erfordert das von uns?

Kühler Kopf und mehr Klarheit

Metakommunikation soll Distanz zu starken Gefühlen herstellen, zum Nachdenken über die Situation verhelfen und größere Klarheit schaffen. Sich zurückzunehmen und über die Lage zu reflektieren kann emotional aufgeladene Situationen entschärfen und die Richtung zeigen, in der Lösungen zu finden sind.

Eine mögliche Lösung könnte übrigens auch lauten: „Es ist klar, dass wir uns an diesem Punkt nicht einig werden." Die Partner ver-

Kommunikation

stehen, dass sie unterschiedlich sind und einander nicht ändern werden. Ja, dass sie an diesem Punkt einander vielleicht nie verstehen werden, aber sich durchaus akzeptieren können. Dann stellt sich die Frage: „Wie gehen wir am besten mit dieser Unterschiedlichkeit um?"

Auf den Punkt gebracht

- Im Streit geht schnell der Abstand zum Partner und zu sich selbst verloren.
- Man bemerkt dann nicht, was man tut, und begreift auch nicht, wozu der Partner tut, was er tut.
- Dann ist Verlangsamung angebracht, wie sie durch Metakommunikation eingeleitet werden kann.
- Metakommunikation bedeutet, sich darüber klar zu werden, wie man kommuniziert, wie man miteinander umgeht und auf welchen Wegen die Kommunikation wieder in einen gesunden und konstruktiven Fluss gebracht werden kann.

Aus der Trickkiste

Wenn Sie in einem Streit und in Gefühlen festhängen und sich Gespräche im Kreis drehen, beantworten Sie gemeinsam mit dem Partner folgende Fragen:
- Um welches Thema dreht sich die Sache?
- Gibt es ein Thema hinter dem Thema? Geht es vielleicht um etwas anderes als die Sache? Etwa: Kämpft jeder um ein Gefühl? Um welches Gefühl?

Wenden Sie sich dann diesem neu gefundenen Thema zu.

Schwierigkeiten mit der Metakommunikation? Eine gute Möglichkeit zur Übung bietet die Anregung „Was ist eigentlich los mit uns?", die Sie auf der folgenden Doppelseite finden. Praktizieren Sie diese Übung mehrere Male, dann wird Ihnen eine Metakommunikation bald leichter fallen.

Was ist eigentlich los mit uns?

Diese Gesprächsübung dient der Klärung einer unübersichtlichen Situation. Manchmal kreisen die Gespräche oder Auseinandersetzungen der Partner immer wieder um ein bestimmtes Thema – aber es kommt keine Lösung in Sicht. Man fragt sich: „Was ist eigentlich los mit uns?"

Die Regeln dieser Übung

Sie sollten sich etwa eine Stunde Zeit nehmen. Machen Sie nach Ablauf dieser Zeit eine Pause. Sie können das Gespräch an einem anderen Tag fortsetzen, es sei denn, Sie wollen beide unbedingt dranbleiben, weil es gerade spannend ist oder Spaß macht. Halten Sie sich genau an die vier Schritte und die Anweisungen.

SCHRITT 1:
Den normalen Ablauf schildern

- Setzen Sie sich zusammen und schildern Sie, wie die unbefriedigende Situation normalerweise abläuft. Schildern Sie nur den Ablauf, sonst nichts, also nicht, was Sie darüber denken und wem Sie die Schuld daran geben oder Ähnliches. Beschreiben Sie gemeinsam und neutral: wie die Situation normalerweise anfängt, wer was wann wie sagt, wer sich wann wie verhält, und wie die Situation gewöhnlich endet.
- Für diesen Schritt brauchen Sie etwa fünf bis zehn Minuten.

SCHRITT 2:
Innere Vorgänge vermuten

- Nehmen Sie nun Abstand zur Situation ein, indem Sie über die beiden Beteiligten in der dritten Person sprechen. Sie sprechen also von sich als „dem Mann" oder „der Frau". Ab jetzt sprechen Sie außerdem nur Vermutungen aus, keine Wahrheiten.
- Zuerst sagt der Mann zwei bis drei Sätze über „den Mann" und was seiner Meinung nach in „diesem Mann" vorgeht. Zum Beispiel: „Ich glaube, dass der Mann ziemlich verärgert ist, weil … Und ich glaube, er fühlt sich … Und ich denke, er verhält sich so, um …"
- Dann sagt die Frau zwei bis drei Sätze über „die Frau" und was ihrer Meinung nach in „dieser Frau" vorgeht.
- Nun sprechen beide Partner über „den Mann" und „die Frau". Jeder darf seine Vermutungen über deren Gefühle und Verhaltensgründe äußern. Dabei keine Monologe führen, sondern sich gegenseitig Gelegenheit geben, seine Vermutungen zu äußern. Er sagt beispielsweise: „Die Frau glaubt deiner Meinung nach also, dass der Mann sie unterdrücken will … und dass es ihm egal ist, wie es ihr geht …" Darauf sie vielleicht: „Ja, sie glaubt, der Mann ist nicht an seiner Frau interessiert." Er: „Der Mann fühlt sich aber auch nicht verstanden …" Sie: „Womit denn nicht?" Und so weiter.

Kommunikation

SCHRITT 3:
Verhaltensmotive vermuten

- Jetzt reden beide darüber, worum es ihrer Meinung nach „für den Mann" und „für die Frau" geht. Spekulieren Sie darüber: Was liegt den beiden am Herzen, worum kämpfen sie, wogegen wehren sie sich, was wollen sie eigentlich am liebsten erreichen und leben?
- Beachten Sie bitte: Es geht nicht darum zu klären, wer recht oder unrecht hat, sondern um den Austausch von Vermutungen, Meinungen, Unterstellungen. Also keine Diskussionen, keine Wertungen, keine Urteile, kein Auslachen, sondern Austausch und das Bemühen, sich zu verstehen!
- Nachfragen sind erlaubt. Beispielsweise, wenn er sagt: „Ich glaube, der Mann sagt nichts mehr, weil er sich nicht verstanden fühlt." Sie: „Aber die Frau versteht sein Schweigen als Zustimmung." Er: „Das ist es aber für den Mann nicht. Er will nur keinen Streit. Er schweigt um des Friedens willen." Sie: „Ein Feigling, dieser Mann." (Das ist eine Wertung, die hier nicht hingehört, sie wird also zurückgenommen.) Sie: „Er ist kein Feigling, aber er könnte sich durchsetzen." Er: „Ich glaube, das will er nicht mehr. Er ist müde." Sie: „Müde? Was macht ihn so müde?" Und so weiter, bis deutlich wird, worum es für die beiden geht, bis beide sich und den anderen verstehen.

SCHRITT 4:
Was ist klar? Was ist neu?

- Nun kommen Sie zum Schluss der Übung. Sprechen Sie jetzt wieder von sich als „Ich", und zwar darüber:
  - Welche Erkenntnisse haben Sie gewonnen?
  - Was sehen Sie jetzt anders?
  - Was war Ihnen vorher nicht so klar?
  - Welche Konsequenzen bringt das mit sich, wie wollen Sie zukünftig mit den thematisierten Situationen umgehen?
- Würdigen Sie abschließend, was in der Übung gut gelaufen ist, was besser als bisher funktionierte und was noch besser laufen könnte.

Umgang mit möglichen Schwierigkeiten

Wenn Sie zu viel auf einmal wollen, könnten Sie sich verheddern. Gehen Sie dann zur letzten geklärten Aussage zurück. Bleiben Sie bei kurzen Aussagen. Vermeiden Sie Monologe. Auch kleine Informationen können wichtig sein, wenn sie neu oder überraschend sind.

Wenn Sie sich verzetteln, macht das nichts, es kann sich sogar gut auswirken, weil Sie dann wieder Abstand nehmen und sich neu an der Anleitung orientieren müssen. Es geht um interessante neue Informationen, um Erstaunen und um Begreifen.

Probleme

Man braucht nicht darum herumzureden: Wer ein Problem hat, der ist gescheitert. Für den hat sich eine Erwartung nicht erfüllt. Doch die zum völligen Scheitern verurteilte Erwartung lautet: Man könne Probleme vermeiden.

Motoren der Entwicklung

Das Gegenteil ist wahr. Probleme sind weitaus besser als ihr Ruf. Sie werden nämlich gebraucht, damit das Leben weitergehen kann. Ohne Probleme gäbe es keine Anregung zur Veränderung und Verbesserung des Lebens, zu seiner Weiterentwicklung. Dazu ein Beispiel aus der Biologie. Ein Virus schwimmt völlig selig in einer Blutbahn, erfreut sich seines Lebens und verrichtet sein Werk. Bis zu dem Moment, in dem ihm ein Medikament oder die Immunabwehr begegnen. Seine Teilungsfähigkeit wird beeinträchtigt, und damit hat er ein Problem. Entweder er verändert seine Struktur oder er geht unter. Die Motivation zu seiner Veränderung liefert ihm erst sein Problem. Natürlich ist der Virus in seiner alten Form gescheitert, aber das Leben geht für ihn weiter, wenn er sein Problem bemerkt, sich darauf einstellt und es bewältigt.

Die schlichte und unbequeme Wahrheit zur persönlichen Entwicklung lautet daher: Wer sich ändern will, braucht ein Problem. Oder: Wer ein Problem hat, der ist aufgefordert, sich zu verändern. Sonst geht es für ihn nicht weiter.

Individuen sind oft unterschiedlicher Meinung

Dieser Mechanismus gilt auch in der Paarbeziehung. Dort lassen Probleme gewöhnlich nicht lange auf sich warten. Das größte Problem für jede Beziehung sind nämlich schlicht und einfach die Partner selbst; und zwar in ihrer Eigenschaft als unterschiedliche Individuen. Die Partner bleiben nicht, wer sie waren, sie verändern sich. Sie verändern ihre Bedürfnisse, ihre Gewohnheiten, ihre Sehnsüchte und ihre Pläne; und zu allem Überfluss verändern sie sich oft ungleichzeitig oder in verschiedene Richtungen. Individuelle Veränderungen können eine bisher als gut empfundene Beziehung so stark beeinträchtigen, dass die Partner nicht wissen, ob sie sie überhaupt weiterführen können.

Bei grundlegenden Veränderungen hilft vor allem Neugierde

Ein Beziehungsproblem ist ein unübersehbarer Hinweis darauf, dass sich auf der einen oder anderen Seite etwas verändert hat, wovon die Beziehung betroffen ist. Sie ändert ihren Zustand, wird distanziert, angespannt oder es brechen Konflikte aus. Zumeist versuchen die Partner, den bisherigen Zustand ihrer Beziehung wieder herzustellen, doch bei grundlegenden Veränderungen wird das einfach nicht gelingen. Da hilft kein Streit und kein Vorwurf, da hilft nur Neugierde.

Auf den Punkt gebracht

- Eine individuelle Veränderung macht sich manchmal erst dadurch bemerkbar, dass in der Beziehung etwas „nicht mehr stimmt", also anders läuft als erwartet oder gewohnt.
- Ein Beziehungsproblem will die Aufmerksamkeit der Partner auf die bisher nicht ausreichend bemerkte Veränderung auf der einen oder anderen Seite hinweisen.
- Paare brauchen Probleme, um zu wachsen. Sie bleiben dann zusammen, wenn sie bereit sind, ihre Probleme gemeinsam zu bewältigen.

Aus der Trickkiste

Wenn sich der Zustand Ihrer Beziehung verändert hat und Probleme auftauchen, nehmen Sie am besten eine Haltung von Neugier ein.
- Verzichten Sie möglichst auf Vorwürfe und Forderungen, stattdessen: Wundern Sie sich!
- Wundern Sie sich, wo die Nähe, die Vertrautheit oder um was immer es sich handelt, wohl geblieben ist.

- Fragen Sie sich und den Partner, in welcher Verfassung Sie beziehungsweise er momentan sind.
- Stellen Sie fest, inwieweit Sie oder Ihr Partner jetzt anders auf bestimmte Umstände oder Themen reagieren.
- Fragen Sie sich, welchen Sinn das veränderte Verhalten eventuell haben könnte.

Streit

Lange Zeit hieß es, Streit solle von Paaren vermieden werden, er schädige die Beziehung. Neuerdings wird zunehmend darauf verwiesen, wie wichtig Streit für das dauerhafte Gelingen einer Beziehung sei. Diese Umdeutung des Phänomens geschieht nicht aus reinem Zufall.

Solange Beziehungen hauptsächlich auf partnerschaftlicher Liebe beruhten, wirkte sich Streit belastend auf das Beziehungsgleichgewicht aus. Im Konfliktfall wurden Verhandlungen, Kompromisse und Einigungen gesucht, denn es ging um einen Interessenausgleich der Partner.

Heutzutage funktioniert diese vernünftige Vorgehensweise nicht mehr. Heute berufen sich Beziehungen zu großen Teilen auf tiefe Gefühle und leidenschaftliche Empfindungen. Diese emotionale Liebe kann mit Verhandlungen und Kompromissen nicht viel anfangen, weil sie auf individuelle Unterschiede der Partner angewiesen ist.

Die Unterschiedlichkeit des Partners hat einst dazu beigetragen, tiefe Gefühle für ihn zu entwickeln und sich in ihn zu verlieben. In der alltäglichen Lebensorganisation werden Partner versucht, ihre Unterschiede zu verharmlosen oder zu verleugnen. Um des lieben Friedens willen und weil auch Symbiose ihren Reiz hat, nehmen die Partner auf Dauer zu viel Rücksicht aufeinander. Jeder schneidet sich gewissermaßen ein Stück seiner Individualität ab. Allerdings macht er diese Rechnung ohne sich selbst, denn irgendwann rebelliert ein verleugneter Teil seiner Persönlichkeit und bricht einen Streit vom Zaun, um die ihn ausschließende Welt der Symbiose aufzubrechen.

Das Individuelle drängt hervor

Streit kann demnach das sinnvolle Ziel verfolgen, die Unterschiedlichkeit der Partner wieder bewusst zu machen und ihr zur gegenseitigen Anerkennung zu verhelfen. Diese Anerkennung wirkt sich dann oft wieder intensivierend auf die Liebesgefühle aus, schließlich will man ja dafür geliebt werden, wie man ist, und nicht dafür, wie man dem anderen passt.

Man mag sich fragen, ob denn unbedingt Streit nötig ist, um die Dinge wieder gerade zu rücken, oder ob man sich nicht freundlich auf Unterschiede aufmerksam machen

Kommunikation

kann. Dazu lässt sich sagen, dass manches schwer in Ruhe, aber leicht in Rage geäußert werden kann. Im Normalzustand sagt ein Partner vielleicht: „Ja, das stört mich", aber erst im Streit rutscht ihm die ganze Wahrheit heraus: „Das nervt mich schon seit Jahren!"

Die ganze Wahrheit transportiert sich nicht bloß durch Worte, sondern auch durch Tonfall, Gesichtsausdruck und Gesten. Versuchen Sie einmal Ihrem Partner in einem liebe- oder verständnisvollen Ton zu sagen: „Ich hasse das!", oder: „Ich habe dein Verhalten so satt, bis unter die Hutschnur!" Das ergibt wenig Sinn und klingt eher nach Heuchelei als nach Wahrhaftigkeit. Soll die Information glaubwürdig sein, muss das entsprechende Gefühl dahinterstehen und für den anderen spürbar sein.

Auf den Punkt gebracht

- Streit wird gebraucht, um auseinander zu kommen.
- Auseinander zu sein ist die Voraussetzung dafür, wieder zusammenzukommen.
- Eine wichtige Frage ist allerdings, wie gestritten wird. Am besten nämlich nach bestimmten Regeln, die miteinander vereinbart werden sollten.

Aus der Trickkiste

Wenn Sie über ein Thema streiten und die Kontrolle über Ihre Worte zu verlieren drohen, stellen Sie ein kleines Aufnahmegerät auf den Tisch und drücken auf „Aufnahme". Ab dann gibt es Zeugen, und das bremst gehörig! Darüber hinaus können Sie sich das Ganze später noch anhören und dabei den Kopf über sich schütteln oder über sich lachen. Das ist ein spannendes Experiment, um Abstand zu sich herzustellen.

Haben Sie sich über den Partner geärgert? Sind Sie in wichtigen Punkten anderer Meinung? Passt Ihnen etwas nicht? Dann fordern Sie den Partner zu einem Streit heraus! Machen Sie mit ihm die Übung „Streitgespräche führen", die Sie auf der folgenden Doppelseite finden.

Streitgespräche führen

Ein verabredetes Streitgespräch lässt sich wie ein Duell betrachten. Auch ein Duell mit Degen oder Säbel unterlag bestimmten Regeln und sollte eine Klärung herbeiführen. Die wichtigste Klärung im Streitgespräch ist jedoch nicht die Lösung, sondern besteht darin, die unterschiedlichen Positionen darzustellen. Erst wenn das passiert ist, macht es Sinn, sich der Frage möglicher Lösungen zuzuwenden.

Die Regeln dieser Übung

Die Regeln des Streitgesprächs werden im ersten Schritt der Übung jedes Mal neu festgelegt.

SCHRITT 1:
Regeln festlegen

Streit sollte der Klärung dienen, er ist nicht dazu da, den Partner zu verletzen. Aus diesem Grund ist es ratsam, bestimmte Regeln für das Streitgespräch aufzustellen. Fügen Sie den hier aufgeführten Punkten nach persönlichem Bedarf weitere hinzu.
- Welcher Ton, welche Lautstärke ist für Sie nicht akzeptabel? Geben Sie sich gegenseitig ein Beispiel.
- Was wäre für Sie eine Beleidigung? Geben Sie hierfür Beispiele: „Wenn du sagen würdest ..."
- Drohungen sollen den Partner daran hindern, seinen Standpunkt einzunehmen. Sie müssen unterbleiben.
- Bis die Standpunkte dargelegt und verstanden sind, darf nicht nach Lösungen gesucht werden.

SCHRITT 2:
Herausforderung
- Künden Sie an, dass Sie sich streiten wollen und legen Sie gemeinsam Termin und Ort dafür fest. Das könnte heißen: „Wir treffen uns morgen Abend in der Küche, es steht uns eine halbe Stunde zur Verfügung."

SCHRITT 3:
Das Thema festlegen

Wenn der Moment des „Duells" gekommen ist, geht es zunächst um die Festlegung des Themas. Das Streitgespräch soll sich um ein einziges Thema drehen.
- Wer die Herausforderung ausgesprochen hat, der legt das Thema fest.
- Stellen Sie sicher, dass der Partner verstanden hat, um was es Ihnen geht.
- Bestätigen Sie sich, mit dem Streit über dieses Thema einverstanden zu sein.

SCHRITT 4:
Positionen einnehmen
- Bevor es losgeht, nehmen Sie einen räumlichen Abstand ein, der Ihnen das Gefühl gibt, eine eigenständige Position einzunehmen.
- Erläutern Sie als der Herausforderer den Anlass des Streitgesprächs.

SCHRITT 5:
Seinen Standpunkt vertreten

Ab jetzt vertritt jeder seine Sicht der Dinge und seinen Standpunkt. Fassen Sie sich möglichst kurz und lassen Sie den Partner aussprechen, bevor Sie antworten.

- Sagen Sie, was Sie stört, was Sie ärgert, was Ihnen nicht passt.
- Stellen Sie durch Nachfragen fest, ob Sie richtig verstanden wurden.
- Hören Sie sich den Standpunkt Ihres Partners an.
- Stellen Sie fest, ob sich Ihr Standpunkt durch das Gehörte verändert.
- Führen Sie das Gespräch auf diese Weise fort, bis alles Wichtige gesagt ist.

SCHRITT 6:
Ein Resümee ziehen

- Denken Sie an diesem Punkt noch nicht an Lösungen. Fassen Sie stattdessen gemeinsam die vertretenen Standpunkte zusammen und korrigieren Sie das, was missverständlich war.

SCHRITT 7:
Lösungen vorschlagen

Jetzt erst fangen Sie an, sich gegenseitig Lösungen vorzuschlagen. Die Streitenergie sollte sich mittlerweile gewandelt haben.

- Erörtern Sie in Ruhe das Für und Wider der gemachten Lösungsvorschläge.
- Stellen Sie fest, worauf Sie sich so einigen können, dass beide zufrieden sind.
- Wenn Sie sich nicht gleich einigen können, lassen Sie die Lösung einen Tag oder einige Tage offen.
- Nehmen Sie dann das Thema wieder auf und schließen Sie es mit einer klaren Vereinbarung ab.

SCHRITT 8:
Das Streitgespräch würdigen

- Sprechen Sie abschließend darüber, was an dem Streitgespräch gut und was nicht so gut gelaufen ist und was Sie zukünftig anders machen wollen.

Umgang mit möglichen Schwierigkeiten

Streit bringt Themen auf den Tisch. Das ist gut. Schlecht ist, wenn man in der Hitze des Gefechts den Standpunkt des anderen ignoriert, abschwächt, abwertet oder wegwischt. Hieraus ergibt sich ein endloses Ping-Pong. Eine kleine Regel ist in solchen Fällen sehr hilfreich: die Fünf-Sekunden-Regel oder auch die Zehn- oder die Zwanzig-Sekunden-Regel. Sie besagt, dass man vor einer Antwort den entsprechenden Zeitraum verstreichen lässt. Man schleudert also nicht das Erstschlechteste raus. Achten Sie genau auf die Zeit, Sie werden feststellen, dass die kleine Sprechpause zu anderen, weniger hitzigen und bereits teilweise bedachten Äußerungen führt.

Vorwürfe

Glaubt man Paartherapeuten, stellen Vorwürfe eines der großen Kommunikationsprobleme in Partnerschaften dar. Ständige Vorwürfe sind in der Lage, jegliche Beziehung zu belasten oder zu beschädigen.

Der Vorwurf, vor allem der wiederkehrende Vorwurf, basiert auf der verbreiteten und irrigen Annahme, der Partner sei dazu da, das eigene Leben zu erleichtern, und daher sei er zu emotionaler Versorgung verpflichtet. Wozu hat man schließlich einen Partner? Damit der einem die eigenen Bedürfnisse erfüllt, das scheint doch klar. Dummerweise hat der Partner aber selbst Bedürfnisse, die er erfüllt haben möchte.

Mit Bedürfnissen umzugehen erweist sich – gerade in unserer zielorientierten Welt – oftmals als kompliziert. In dem Begriff steckt das Wort „dürfen". Wer ein Bedürfnis verspürt, der will sich etwas erlauben, doch das ist kaum möglich, wenn man glaubt, Wichtigeres tun zu müssen. Mit anderen Worten: Die eigenen Bedürfnisse geraten einem schnell aus dem Blick, sobald dessen Fokus vorwiegend auf Ziele und Pflichten gerichtet ist. Da wäre es toll, wenn der Partner für das sorgen würde, was man selbst nicht bemerkt oder zu wenig beachtet. Wie gesagt, wozu hat man einen Partner?

Die Frage lautet an diesem Punkt: Wie teilt man Bedürfnisse mit, die man selbst nicht genug im Blick hat? Hier drängt sich der Vorwurf als indirekte Mitteilung an den Partner auf: Wer beispielsweise erschöpft ist, wirft ihm mit Vorliebe vor, dieser sei ein Egoist und denke nur an sich. Wer sich unsicher fühlt, wirft seinem Partner gern vor, ihm nicht genügend Aufmerksamkeit zu geben. Wer selbst den Hintern nicht hoch bekommt, hält seinem Partner vor, träge und einfallslos zu sein. Wer sich abhängig fühlt, wirft dem Partner vor, dominant zu sein. Wer tanzen gehen möchte, wirft dem Partner vor, ein lahmer Esel zu sein. Und wer im Bett zurückhaltend ist, wirft dem Partner vor, bloß einer lahmen Routine zu folgen.

Nicht zu persönlich nehmen

Partnerschaften sind mit Vorwürfen verminte Gebiete, mit offenen, mit unausgesprochenen, mit lauten und leisen, mit stummen und gemeinen, mit zutreffenden und mit ungerechten. Wer Vorwürfe auf sich bezieht und sie persönlich nimmt, hat sich ein echtes Problem eingehandelt.

Dabei lassen sich Vorwürfe wunderbar nutzen, wenn man weiß, dass der Partner im Grunde etwas über die eigene Bedürfnislage aussagen möchte. Vorwürfe sollten demnach ernst genommen und aufgegriffen werden. Die Partner können sie nutzen, um herausfinden, was die eine und der andere braucht und wozu der eine und die andere bereit sind. Wer sich zusätzlich auch unabhängig vom Partner um seine Bedürfnisse kümmert, der hat für sich gewonnen und die Beziehung entlastet.

Auf den Punkt gebracht

- Wer dem Partner Vorwürfe macht, weiß oft keinen anderen Weg, etwas von sich selbst auszudrücken.
- Meist weiß er nicht genau, worum es ihm eigentlich geht. Er weiß, was ihm am Partner nicht passt, aber kann seine eigenen Motive und Bedürfnisse nicht klarmachen.
- Dem Partner etwas „vorzuwerfen", ist ein aggressiver Akt, der den anderen dazu animiert, „zurückzuwerfen".

Aus der Trickkiste

Ein Spiegel sein: Manchmal greift ein Partner den anderen an, ohne sich über seine Wirkung klar zu sein. Würde er dabei in einen Spiegel sehen, würde er sich bald zurücknehmen. Anstatt zurückzuschlagen oder sich gegen immer gleiche Vorwürfe zu wehren, kann man solch ein Spiegel sein:

- Nehmen Sie wahr, wie der Angreifer wirkt, klingt, aussieht.
- Äußern Sie Ihre Wahrnehmung, beispielsweise: „Das klingt, als ob du mir drohen willst", oder: „Du siehst aus, als ob du gleich auf mich losgehst."
- Wird dem Angreifer bewusst, wie er auf Sie wirkt, wird ihn das meist stoppen – es sei denn, er will genau so wirken oder sein. Meist aber ist dann der Raum da, sich sachlich mit der Situation auseinanderzusetzen.

Wenn Sie regelmäßig Vorwürfe machen oder welche erhalten, sollten Sie zur Klärung die beiden Übungen auf der folgenden Doppelseite nutzen. Die erste Übung soll dem Beschuldigten helfen, sich eindeutiger zu verhalten, und dem Angreifer den Wind aus den Segeln nehmen. Die zweite Übung fordert den Beschuldiger auf, seine Bedürfnisse auszudrücken, anstatt sinnlose Anklagen vorzubringen. Eine ausführliche Darstellung des Umgangs mit Vorwürfen finden Sie in meinem E-Book „Umgang mit Vorwürfen".

Mit Vorwürfen umgehen

Für den Angegriffenen

Diese Übung soll dem Angegriffenen die Qual wiederkehrender Vorwürfe ersparen, indem er zugibt, was an dem Vorwurf stimmt. Der Angreifer lernt seinen Partner so mit einer neuen Facette kennen.

Die Regeln dieser Übung

Der Anlass ist, dass ein Partner den anderen wiederholt wegen des gleichen Verhaltens angreift. Dies sollte nun geklärt werden.

SCHRITT 1:
Den Vorwurf zugeben

- Der Angreifer formuliert knapp den Vorwurf. Der Partner fasst zusammen: „Du wirfst mir also vor, ... faul zu sein."
- Der angreifende Partner bestätigt oder formuliert den Vorwurf genauer.
- Anstatt weiter zu leugnen, gibt der Angegriffene nun zu, in welcher Hinsicht der Angriff berechtigt ist und was der Partner richtig bemerkt hat. Machen Sie sich klar: Sie werden für etwas angegriffen, das der andere wahrnimmt und das ihm nicht passt, das aber zu Ihnen gehört.
- Dann macht der Angegriffene deutlich, inwieweit er tatsächlich das ist beziehungsweise das sein will, was ihm vorgeworfen wird. Er teilt seine Gefühle, Gedanken und Motive dafür mit und macht klar, wozu er es braucht, so zu sein. Zum

Beispiel: „Wenn die Wohnung nur einmal in der Woche aufzuräumen, für dich faul sein ist, dann bin ich faul. Ich habe nämlich keine Lust, mich deswegen zu stressen. So gesehen bin ich gern faul."

SCHRITT 2:
Was fangen wir damit an?

- Nun tauscht man sich darüber aus, was die neuen Informationen verändern.
- Der Angreifer kann an diesem Punkt realisieren, wie sein Partner – sonst, auch, auch noch – ist, und er sollte dessen So-Sein anerkennen. Oft ist es für den Angreifer erleichternd, wenn das Leugnen des Angegriffenen aufhört. Vielleicht hat er an dieser Einsicht aber auch zu kauen.
- Lösungen sind an diesem Punkt nicht unbedingt nötig. Wichtig ist erst einmal das Realisieren, dass es ist, wie es ist.

Umgang mit möglichen Schwierigkeiten

Es mag schwierig sein, zu dem zu stehen, wie man ist. Vielleicht, weil man selbst versprochen hat, anders zu sein, vielleicht, weil man sich lieber anpassen möchte, um Differenzen nicht aufbrechen zu lassen. Aber wenn man nicht zum wahren Gehalt eines wiederkehrenden Vorwurfs steht, wird man ihn womöglich für den Rest seines Lebens anhören müssen.

Für den Angreifer

Diese zweite Übung ermöglicht dem Angreifer auszudrücken, worum es ihm eigentlich geht. Zugleich erfährt der Angegriffene, was sein Partner tatsächlich braucht.

Die Regeln dieser Übung

Halten Sie sich an den beschriebenen Ablauf und die vorgegebene Formulierung. Nehmen Sie sich mindestens 15 Minuten Zeit und gehen Sie in aller Ruhe und langsam vor.

SCHRITT 1:
Den Vorwurf formulieren

- Der Angreifer formuliert seinen Vorwurf in einem Satz.
- Der Angegriffene fragt freundlich und ehrlich interessiert: „Was willst du damit sagen?"
- Zehn Sekunden oder länger Pause.
- Der Angreifer antwortet: „Ich will damit sagen, dass …"
- Der Partner fragt erneut genau das Gleiche: „Was willst du damit sagen?"
- Zehn Sekunden Pause, dann die Antwort.
- So geht es beharrlich und freundlich weiter. Der Angreifer kann so Stufe für Stufe tiefer in sein Inneres steigen und klarer erkennen und mitteilen, worum es ihm eigentlich geht. Früher oder später geschieht der Wechsel vom „Du" zum „Ich". Anstatt beispielsweise beim Vorwurf „Du bist faul" zu bleiben, sagt der Angreifer: „Ich bin überlastet."
- Der Angegriffene stellt seine immer gleiche Frage so lange, bis der Partner erkennt, worum es ihm geht.
- Der bisherige Angreifer formuliert sein Bedürfnis in einem Satz – und zwar in einer Ich-Aussage ohne „Du". Der Kern des Vorwurfs.

SCHRITT 2:
Wie gehen wir damit um?

- Die Partner sprechen darüber, wie sie mit diesem Bedürfnis umgehen wollen. Der bislang Angegriffene ist jedoch nicht verpflichtet, es zu erfüllen.
- Abschließend sprechen die Partner darüber, ob und wenn ja, welche Abmachung sie treffen.

Umgang mit möglichen Schwierigkeiten

Es macht nichts, wenn auf die immer gleiche Frage mehrmals ähnliche Antworten folgen. In einem solchen Fall sollte der „Angreifer" länger darüber nachsinnen, was er eigentlich sagen will.
Fruchtbar sind am Ende nur echte Ich-Aussagen. Wenig fruchtbar ist eine Mischaussage in der Art: „Ich möchte, dass du …!" In diesem Fall weitermachen, bis eine klare Ich-Aussage über ein Bedürfnis da ist.

Sexualität

Sexualität spielt in jeder Beziehung und in jeder Lebensphase eine andere Rolle. Bei allem, was darüber gesagt und geschrieben wird, besteht eine große Herausforderung darin, als Einzelner und auch als Paar zur eigenen Sexualität zu finden und zu stehen, egal was andere meinen.

Schwierig ist das vor allem dann, wenn das eigene sexuelle Bedürfnis von dem des Partners abweicht. Dann geht es schnell darum, wer „normal" oder „nicht normal" ist. Vielleicht bestehen grundsätzlich verschiedene sexuelle Bedürfnisse, vielleicht aber wirken sich Konflikte aus anderen Bereichen auf die sexuelle Verbindung aus. Sexuelle Unterschiede oder die Gründe für sexuelle Probleme zu erkennen, ist keine einfache Angelegenheit, sondern erfordert viel Geduld und die Fähigkeit, zu sich zu stehen, auch unabhängig von der Bestätigung des Partners.

Begehren

Was man begehrt, das hat man nicht. Zumindest nicht im Augenblick des Begehrens. Das Begehrte übt eine magische Anziehungskraft aus. Tatsächlich fühlt sich der Begehrende wie an einem unsichtbaren Seil zum Begehrten hingezogen.

Was sucht der Begehrende?

Was will der Begehrende beim anderen? Was erlebt er dort? Bezogen auf die Sexualität könnte es Verschmelzung oder Lebendigkeit sein oder das Gefühl der Macht, der Hingabe, der Auflösung, des Fließens, der Zeitlosigkeit, der Sorgenfreiheit … sinnliche Augenblicke …

Das Begehren überflutet das Bewusstsein, es führt den Menschen über sich selbst hinaus. Es ist eine Brücke zu einem Erleben, das in seinem gewöhnlichen alltäglichen Erleben keinen Platz finden kann, das er aber von Zeit zu Zeit braucht, um eben diesen Alltag weiter gut leben und aufrechterhalten zu können.

Das Begehren verlangt … nach der Haut des anderen, nach seinem Geruch, nach seinem Körper, seinem Kuss, seinem Lächeln, seiner sinnlichen Nähe, seinen Berührungen, seiner Stimme, seiner Lust. Es führt in Versuchung und verspricht Erfüllung. Es macht lebendig. Begehren und begehrt werden zu wollen, das Begehren des anderen zu spüren und das eigene Begehren zu zeigen, all das sind tragende Elemente einer lebendigen Sexualität.

Allzu Nahes wird sehr schnell langweilig

Wie nimmt das Begehren ab oder wie kommt es gar abhanden? Es scheint, dass Routinen, Gewohnheiten und Bequemlichkeiten hierbei eine große Rolle spielen. Das allzu Bekannte kann kaum überraschen, das allzu Vorhersehbare kann nicht überwältigen. Was ständig zur Verfügung steht, danach sehnt man sich kaum.

Daher gehört Abstand zu den wesentlichen Bedingungen des Begehrens, eine Distanz, die man sehnsuchtsvoll zu überwinden sucht. Abstand ist auf sehr unterschiedliche Weise möglich. Manche Partner finden eine Lösung in körperlichem Abstand, in getrennten Betten oder getrennten Wohnungen. Sie gehören sich nie ganz, sie sehen sich nicht ständig, sie gehen immer wieder aufeinander zu. Das hält das Interesse und die Neugierde am anderen sowie die Lust auf ihn wach.

Ein lohnendes Risiko: psychische Distanz

Andere Partner gehen das Risiko psychischer Distanz ein. Sie wagen es, dem Partner ihr Inneres zu offenbaren, auch das, was sie vom anderen unterscheidet. Sie riskieren es, für ihre Offenheit abgewiesen zu werden. Aber wenn sie angenommen werden, ist die Erfüllung umso größer.

So oder so, frei von Gefahr ist Begehren wohl kaum zu haben.

Auf den Punkt gebracht

- Begehren und begehrt werden macht lebendig, es schafft ein intensives Erleben, in dem Vergangenheit und Zukunft ausgeblendet sind.
- Nirgends scheint es einfacher, im „Hier und Jetzt" anzukommen als im sexuellen Begehren.
- Routine, Gewohnheit und Vorhersehbarkeit lähmen das Begehren.
- Auch wer sich selbst verleugnet, wer seine Bedürfnisse, Vorlieben und Eigenarten vor dem Partner versteckt, dämpft sein Begehren und verschließt sich vor dem Begehren des anderen.
- Die eine oder andere Form von Distanz ist nötig, damit das Begehren, die erotische Lust aufeinander am Leben bleibt.
- Physischer Abstand ist ebenso möglich wie psychischer.

Aus der Trickkiste

Wenn Sie das Begehren vermissen und es anfeuern wollen, sollten Sie sich einige Fragen beantworten:
- Welche Gewohnheiten mit Ihrem Partner haben Sie in Ihren Fantasien schon längst durchbrochen?
- Welche kühnen Fantasien haben Sie längst entwickelt und dennoch für sich behalten?
- Welche Lust teilt sich Ihnen in Tagträumen, in Bildern, Gefühlen und Gedanken mit?
- Welches erotische Vorhaben würden Sie eher Ihrem besten Freund / Ihrer besten Freundin erzählen als dem Partner?

Wenn Sie Ihre Wünsche erkannt haben: Jetzt heißt es, sie ganz allmählich Realität werden zu lassen. Gehen Sie ein Risiko ein, brechen Sie eine Gewohnheit, tun Sie etwas, das der Partner so noch nicht kennt – es ist schon da, in Ihren Fantasien.

Erotik

Als erotisch wird die Begegnung mit Unbekanntem erlebt, das Faszination ausübt, eine starke Anziehung bei gleichzeitiger Scheu. Für Verliebte ist vieles unbekannt. Ein fremder Mensch, ein fremder Geruch, ein fremder Körper, ein nicht berechenbares Verhalten des anderen. In jedem Augenblick lauern Gefahren, und das macht den Augenblick so lebendig. Die Gefahr, zu weit zu gehen und zurückgewiesen zu werden, oder die Gefahr, sich zu verlieren, sind gegenwärtig. An einem solchen Abgrund lebt es sich einfach intensiver. Und dann das Glück, wenn zwei zusammenfinden!

So viel steht wohl fest: Erotik ist gänzlich frei von Gefahr nicht zu haben. Verliebte brauchen sich darüber keine Gedanken zu machen, ihnen gelingt die Erotik spielend. Doch welche Gefahren bietet eine Partnerschaft, die womöglich schon lange besteht? Die durch Gewohnheiten und Verlässlichkeit gefestigt ist? Die – vor allem, wenn die Erotik darin fehlt – auf Dauer vielleicht als leblos oder gar als langweilig erlebt wird?

Die benötigte und mögliche Gefahr liegt in diesem Fall in einer Grenzüberschreitung. Dort, wo gewohntes Terrain verlassen und neues Terrain betreten wird, wo ausgetretene Pfade verabschiedet werden und man einen Schritt in den Dschungel tut, kann Erotik stattfinden. Dort klopft das Herz, dort enden die Gedanken, dort ist ein Zittern, dort gibt es etwas zu wagen.

Die Spannung neu beleben

Wenn sich erotische Langeweile ausgebreitet hat, halten sich die Partner meist zurück. Langeweile entsteht, wo Zwänge herrschen, wo vorwiegend Rücksicht genommen wird, wo der Durchschnitt praktiziert wird, der gemeinsame kleinste Nenner. Der Löwe in seinem Käfig hat Langeweile. Er sehnt sich nach dem Sprung über die Grenze – nach einem Sprung, der ihn befreit. Der Löwe in seinem Käfig träumt von der Freiheit zu tun, was ihn erfüllt, von der Freiheit, Sehnsüchte erfüllen zu können.

Wer Anregungen zur Belebung der Erotik braucht, findet sie in seinen Fantasien und Tagträumen. Dort finden Dinge statt, die man dem besten Freund nicht anvertraut. Etwas von diesen Fantasien kann und sollte man dem Partner zumuten. Vielleicht zündet man ein Feuer damit an.

Auf den Punkt gebracht

- Erotik ist der Reiz des Unbekannten, das Abenteuer der Anziehung.
- Erotik kann so intensiv sein, dass sich in diesem Erleben die Zeit auflöst.
- Nirgendwo sonst kann man so leicht und so intensiv im viel beschworenen „Hier und Jetzt" landen wie im erotischen und sexuellen Erleben.

Aus der Trickkiste

Wenn Sie unter erotischer Langeweile leiden, sollten Sie sich Zwänge und Verpflichtungen bewusst machen:
- Unter welche Zwänge ordnen Sie sich. Wozu fühlen Sie sich gezwungen oder verpflichtet?
- Was würden Sie am liebsten tun, wenn Sie sich trauen würden?

Lassen Sie sich von Ihren Fantasien beraten. Fantasien und Tagträume haben eine faszinierende Eigenschaft: Man nimmt darin eine andere Identität ein, man wird sozusagen eine andere Person. Ziemlich sicher haben Sie erotische Fantasien oder Träume, dabei ist es unwichtig, ob diese sich auf den Partner oder auf Fremde beziehen. Beantworten Sie sich folgende Fragen:

- Was tue ich in meinen Träumen?
- Wer bin ich in diesen Fantasien? Wie nenne ich jemanden, der das tut?
- Was würde ich als diese Person im sexuellen Bereich meiner Partnerschaft verändern? Was würde ich tun, sagen, fordern, verweigern, wollen?
- Welches Wagnis kann ich eingehen?

Wenn Sie vom Fremdgehen träumen: Wer davon träumt oder kurz davor steht fremdzugehen, könnte, anstatt es zu tun, seinem Partner von dem Wunsch erzählen. Er riskiert einen Konflikt, aber es ist ja Sinn der Sache, dass eine eventuell vorhandene Unzufriedenheit auf den Tisch kommt. Oft genügt die Mitteilung, um eine Gewohnheit zu brechen und etwas Neues anzuregen.

Leidenschaft

Verliebte erleben die größte Leidenschaft – erotisch, sexuell, sinnlich und tief emotional. Erfahrungsgemäß hält dieses Gefühl nicht allzu lange an, weshalb die Verliebtheit oft bespöttelt oder abgewertet wird. Dies sei nicht die wahre, die echte, die reife Liebe. Das kann man so sehen. Aber wollen wir überhaupt so reif und abgeklärt sein?

Die Menschen scheinen auf Leidenschaft jedenfalls nicht verzichten zu wollen, heute weniger denn je. Was macht sie so wichtig? Ich meine, sie bietet in einer vom Unbekannten und von Ungewissheit scheinbar bereinigten Welt eine der wenigen Möglichkeiten, das Leben als unmittelbar, unvorhersehbar und aufregend zu erleben.

Der von sinnlicher Leidenschaft ergriffene Mensch verlässt die Welt des Denkens und Planens. Er fühlt, riecht, berührt, spürt. Sein Bewusstsein ist von unmittelbaren, sinnlichen Wahrnehmungen ausgefüllt, in denen er zu verschwinden scheint. Leidenschaft bietet ein sinnliches Bad im „Hier und Jetzt".

Raus aus der Alltäglichkeit

Leidenschaft befreit aus der Alltäglichkeit, und deshalb wird leidenschaftsloser Sex auf Dauer als fade empfunden. Vor allem Paare in Dauerbeziehungen, die sich auf bestimmte Gewohnheiten festgelegt haben, die eine vertraute, von Gefahren verschonte Sexualität pflegen, leiden oft unter der Spannungslosigkeit. Der Partner, der am meisten unter der Routine leidet, zieht sich zurück und beruft sich darauf, keine Lust mehr zu haben. Das ist wohl wahr, aber worauf hat er keine Lust mehr? Auf den immer gleichen Ablauf? Verweigert er sich der Vorhersagbarkeit des Geschehens?

Moderne Sexualtherapeuten empfehlen Paaren, die aus ihrer Beziehung verbannte und durch gegenseitige Rücksichtnahme gebändigte Gefahr zu reaktivieren. Eine Möglichkeit besteht darin, die Unterschiede in sexuellen Stilen und Vorlieben in den erotischen Kontakt einzubringen. Die Verweigerung sagt: „Ich will das nicht mehr!" Die Leidenschaft geht weiter und sagt: „Ich will etwas anderes, ich will etwas wagen."

Eine Geschichte

Brigitte und Klaus wollen Sex miteinander, beklagen sich aber beide darüber, dass es immer irgendwie gleich abläuft. Klaus will schnell zur Sache kommen, Brigitte fordert von ihm, sich Zeit zu lassen und sie erst einmal zu erregen. Klaus fühlt sich wie ein „Diener". Die beiden forschen in ihren Fantasien. Klaus möchte seine Frau mit Seilen fesseln, damit er mit ihr „machen kann, was er will". Brigitte findet die Fantasie toll, allerdings stellt sie sich vor, Klaus zu fesseln. Der lässt sich in der Erwartung darauf ein, dass sein Frau über ihn herfällt. Diese denkt aber gar nicht daran, vielmehr streichelt und liebkost sie ihn an allen möglichen Stellen, lässt die Erregung anschwellen und abklingen, und das über fast zwei Stunden. Klaus will zwischendurch abbrechen, hält sich aber an sein Versprechen. Danach sagt er: „Jetzt begreife ich erst, was du die ganze Zeit von mir wolltest." Er fand es nämlich „gar nicht so schlecht", dass die sexuelle Begegnung dauerte und nicht ruck-zuck vorbei war.

Auf den Punkt gebracht

- Leidenschaft ist auf Spannung angewiesen, unter anderem auf die Spannung, die aus der Unterschiedlichkeit der sexuellen Vorlieben der Partner resultiert.
- Wenn die Leidenschaft in einer Beziehung zurückgeht, liegt es oft daran, dass die Partner zu wenig Abstand zueinander haben, sie halten sich in vertrauten Gewohnheiten auf, statt sich einmal anders zu zeigen und etwas zu riskieren.
- Leidenschaft lässt sich nicht „machen" – allerdings lässt sich feststellen, ob und wie sie eingeschränkt oder verhindert wird. Dann lässt sich nach Wegen suchen, sie „freizulassen".

Aus der Trickkiste

Wenn Sie unter fehlender Leidenschaft leiden, dann haben Sie mit großer Wahrscheinlichkeit schon zahllose Fantasien und Tagträume entwickelt, die voller Leidenschaft sind. Rufen Sie sich einige dieser Fantasien ins Bewusstsein. Betrachten Sie dann die Fantasien wie einen Film. Schauen Sie dem Hauptdarsteller bei seinen verwegenen Taten zu. Malen Sie diese Taten weiter aus. Geben Sie dem Hauptdarsteller (das sind Sie) einen Namen, der seinen Handlungen entspricht.

Stellen Sie sich dann die Frage: Was würde dieser Mann/diese Frau in meinem Sexualleben anderes tun, als ich es tue? Welche ungewöhnlichen kleinen oder großen Dinge würde er/sie wagen? Halten Sie dann fest, welche Ängste und Befürchtungen sich augenblicklich bei Ihnen melden. Und entscheiden Sie sich: für die Angst oder für den Mut. Ein Stück mutiger geht immer!

Seitensprung

Was ist nicht alles über den Seitensprung gesagt worden! Und wie ist er verteufelt worden! Dabei gibt es ihn, solange das Gebot zur ehelichen Treue existiert.

Bei einem Seitensprung geht die Welt nicht unter, auch wenn es sich für den davon Betroffenen so anfühlt. Sicherlich platzen Träume und Illusionen, Versprechen werden gebrochen und es werden einander Verletzungen zugefügt – die Ereignisse können unbestritten dramatisch sein. Aber der Seitensprung hat auch positive Seiten, und wenn er schon passiert ist, dann sollte man die Chancen nutzen, die er bietet.

Neue Klarheit

Beispielsweise bringt ein Seitensprung Themen auf den Tisch, die darunter sicher verstaut zu sein schienen. So erklärte ein Mann, der eine Liebschaft hatte, seiner verblüfften Frau: „Es geht gar nicht in erster Linie um Sex, aber mit der anderen Frau kann ich reden. Von ihr fühle ich mich akzeptiert und mit meinen Gefühlen angenommen."

Eine Frau berichtete, durch eine Affäre habe sie sich ihr Selbstbewusstsein zurückerobert. „Seither kann mein Mann sagen, ich wäre zu alt, ohne dass ich an mir zweifle. Das ist sein Problem, dem anderen war ich nicht zu alt."

Der Seitensprung wirft Fragen auf, und das soll er auch tun. Die allgemein aufkommende Frage allerdings: „Was hat der/die andere, was ich nicht habe?" ist wenig hilfreich, weil sie einen persönlichen Mangel unterstellt. Was man hier oder da erlebt, hängt aber nicht von einer einzelnen Person ab, sondern von der jeweiligen Beziehung zwischen zwei Menschen, und daher bringen Vergleiche nichts.

Das Erleben zählt

Eine andere Frage ist aufschlussreicher. Sie lautet: „Was erlebst du dort, was du hier nicht erlebst?" Das könnte Akzeptanz sein, Nähe, Lebendigkeit oder sonst etwas Wichtiges, das in der Beziehung vermisst wird. Die Partner können sich dann damit befassen, ob ihnen das einmal miteinander möglich war, wann und wodurch es verschwand und ob eine Sehnsucht danach besteht, es miteinander zu haben, und die Bereitschaft, es zu versuchen. Daraus kann sich sogar eine Vertiefung der Beziehung ergeben.

Im Nachhinein bezeichnen nicht wenige Paare einen Seitensprung und die damit einhergehende Beziehungsgefährdung als Weckruf. In solchen Fällen ist es den Partnern gelungen, das Ereignis für die Beziehung zu nutzen. Zwar behaupten weitaus mehr Paare, ein Seitensprung habe ihre Beziehung zerstört, aber ich hege diesbezüglich Zweifel und halte es für wahrscheinlicher, dass die Seitensprünge Beziehungen beendet haben, die nur noch über wenig Substanz verfügten. Es ist nämlich gar nicht so einfach, sich zu trennen – und Seitensprünge können den Mut dafür liefern.

Auf den Punkt gebracht

● Was Treue ist und was einen Treuebruch darstellt, legen die Partner heute selbst fest. Ein Seitensprung muss daher nicht unbedingt Untreue bedeuten.

● Eine stabile Beziehung wird durch einen Seitensprung selten zerstört, er kann sogar als Chance zur Vertiefung der Partnerschaft genutzt werden.

● Manchmal stellt ein Seitensprung zwar eine individuelle Entlastung dar, weil damit ein offenes Bedürfnis erfüllt wird. Gleichzeitig mag damit ein wichtiger Schritt innerhalb der Beziehung vermieden werden: die Selbstoffenbarung dem Partner gegenüber. Ihm zu sagen und zu zeigen, was einem fehlt, wonach man sich sehnt oder im Extremfall: dass man mit einem Bein schon außerhalb der Beziehung steht.

Aus der Trickkiste

Soll man Seitensprünge offenlegen?
Das hängt in erster Linie von den ausgesprochenen oder unausgesprochenen Vereinbarungen der Partner ab. Grundsätzlich kann man vielleicht sagen, dass es auf die Bedeutung ankommt, die dem Ereignis zukommt. Hat es keine Auswirkung auf die Beziehung, sollte man sich überlegen, ob eine Offenbarung angebracht ist. Hat es Bedeutung, weil man sich verlieben könnte oder verliebt hat, ist es besser, den Partner zu informieren, als ihn irgendwann vor vollendete Tatsachen zu stellen und ihm damit schon jede Chance zu einer Veränderung zu nehmen.

Wenn sich eine Affäre anbahnt: Ideal scheint es, wenn Versprechen infrage gestellt werden, sobald diesbezüglich Unsicherheiten auftauchen. Dann sollte man beispielsweise bekennen: „Ich glaube, ich kann dir keine Treue mehr versprechen, ich merke, dass meine Sehnsucht woanders hingeht." Damit liegt das Thema auf dem Tisch. Solch eine Offenbarung kann die Chance für einen Neuanfang sein. Die Chance etwa, sich neu anzusehen und wenn möglich Hindernisse aus dem Weg zu räumen. Oder die Chance, einander etwas anderes zu versprechen oder sich gegenseitig zu entpflichten.

Unlust

Von etlichen Psychologen wird die partnerschaftliche Sexualität als Kern der Dauerbeziehung betrachtet. Von den Langzeitpaaren sehen das aber nur rund 4 Prozent so. Das zeigt, dass man sich besser auf sich selbst statt auf Expertenmeinungen verlassen sollte. Sexualität spielt nur in der emotional-leidenschaftlichen Liebe eine große Rolle, für die freundschaftliche und partnerschaftliche Bindung wird sie hingegen oft nur wenig und manchmal sogar überhaupt nicht gebraucht.

Wenn Paare versuchen, eine partnerschaftlich-freundschaftliche Beziehung zu beschreiben, übernehmen sie dazu mangels anderer Worte oft Begriffe aus der Psychologie. Sie sprechen dann davon, wie „Bruder und Schwester" zusammenzuleben. Doch mit einem Bruder-Schwester-Verhältnis haben solche Beziehungen kaum etwas zu tun. Dieser Begriff stammt aus der Psychoanalyse, wo mangelndes Begehren mit dem Inzesttabu erklärt wurde. Wenn man diesen Begriff benutzt, unterstellt man dem Paar stillschweigend, an einem inneren Inzesttabu zu scheitern.

Auf solche fragwürdigen Erklärungen lässt sich in den meisten Fällen verzichten. Bindung und Begehren waren schon immer Gegensätze, und gegen eine freundschaftliche, dem Wesen des Partners zugewandte Liebe ist überhaupt nichts einzuwenden. Auch wenn eine solche Beziehung vorwiegend darauf beruht, einander Gutes zu tun und sich gegenseitig in den Wesenseigenarten zu bestärken oder sich als Lebenspartner zu begleiten, können sich die Partner dabei auf die Liebe berufen.

Ich würd' aber so gern ...

Anders liegt der Fall, wenn Partner das sexuelle Begehren vermissen und sich über ihre zu wenig leidenschaftliche Liebe beklagen. Dann lohnt es sich, die jeweiligen Verhaltensweisen unter die Lupe zu nehmen und die dahinter liegenden Überzeugungen, Zwänge und Ängste zu erforschen. Dabei geht es um die Frage, ob hinter den Kämpfen, den damit verbundenen Verletzungen und der dadurch entstandenen Distanz noch Liebe füreinander und noch Sehnsucht nach Nähe verborgen liegt.

Auf den Punkt gebracht

- Nicht selten beschädigen Partner ihre erotische oder sexuelle Beziehung durch Machtkämpfe, die außerhalb des sexuellen Bereichs stattfinden.
- Wer sich vom Partner verletzt, nicht gewürdigt, abgelehnt oder abgewertet fühlt, lässt ihn nicht mehr „an sich ran". Dann dehnt sich der Kampf auf den sexuellen Bereich aus: Einer macht dicht und verliert die Lust, der andere versucht, wieder an den Partner ranzukommen. Frust, Krampf und zunehmende Distanz sind das Ergebnis.

Trickkiste

Wenn Sie sich vom Partner ausgegrenzt fühlen: In dem Fall sollten Sie sich fragen, welchen Grund der andere aus seiner Sicht und aus seinem Erleben heraus dafür haben mag, Sie von sich fernzuhalten. Wenn Sie keine Vermutung hierüber haben, fragen Sie den Partner und achten Sie darauf, die Antwort aufzunehmen, anstatt sie anzuzweifeln oder darüber zu diskutieren. Es geht darum, das Erleben des anderen nachzuvollziehen, es geht nicht um Objektivität und nicht um Rechthaben.

Wenn Sie sich vor Ihrem Partner verschließen: Hand aufs Herz – was hat der Partner aus Ihrer Sicht getan, weshalb Sie sich vor ihm verschließen? Finden Sie diese Antwort durch eine weitere Frage: Was müsste er tun, damit Sie sich noch mehr verschließen oder noch weiter zurückziehen?
Und dann geben Sie sich einen Ruck und kommen Sie raus aus der Defensive! Sich zu verschließen oder sich zurückzuziehen sind Möglichkeiten, sich zu schützen. Besser ist es allerdings, Sie schützen sich auf eine offensivere Weise. Machen Sie dem Partner klar, was Ihnen nicht passt und was Sie nicht länger mitmachen, aber machen Sie es auf eine ruhige, klare Weise. Machen Sie ebenso klar, was Sie sich vorstellen können und wünschen.

Zum Nachschlagen

Was Sie über Paarberatung wissen sollten

Manchmal kommt man auch mit den besten Tricks nicht weiter. Dann sollte man Hilfe suchen. Eine Paarberatung ist angebracht, wenn das Paar ein Problem nicht selbst lösen kann und die Beziehung anfängt, Schaden zu nehmen.

Seien Sie aufmerksam und kritisch, wenn Sie einen Berater suchen. Jede Paarberatung findet vor dem Hintergrund eines bestimmten Glaubenssystems statt. Auch Therapeuten glauben bestimmte Dinge und folgen in ihrer Arbeit bestimmten Konzepten. Wer beispielsweise glaubt, für eine Beziehung sei Sexualität wichtig, der wird versuchen, die sexuelle Beziehung in Gang zu bringen. Wer dagegen glaubt, Missverständnisse seien die Ursache von Paarproblemen, der wird an der Kommunikation arbeiten. Wie auch immer – Sie sollten wissen, mit welchem Glaubenssystem Ihr Berater arbeitet, und prüfen, ob Sie es für sinnvoll halten.

Misstrauen Sie einer Beratung, in der absolutierende Begriffe wie „wirkliches Vertrauen", „echte Offenheit" oder „wahre Liebe" gebraucht werden. Hier will Ihnen jemand sein Konzept verkaufen und Sie in seine Sicht der Dinge einordnen. Misstrauen Sie auch Beratern, die Ihnen Lösungen vorgeben. In einer guten Beratung sollten Sie die Lösungen selbst finden.

Die Kunst der Beratung besteht meiner Ansicht nach darin, jemanden entdecken zu lassen, welchen Lösungsansatz er unbewusst selbst bereits entwickelt hat. Dabei geht es erst in zweiter Linie darum, was getan werden sollte und was nicht. Wichtiger ist zu entdecken, wer Sie in Ihrer Beziehung sind und wer Sie zukünftig darin sein wollen. Eine Offensive statt eine Zurückhaltende? Eine Selbstbewusste statt eine Mitmacherin? Ein Einfühlender statt ein Grobian? Ein Respektvoller statt ein Drohender?

Wenn Sie wissen, wer Sie sein wollen, dann wissen Sie recht genau, was Sie als dieser oder als diese tun und lassen werden.

Sie selbst entscheiden, ob die Beratung für Sie hilfreich ist oder nicht. Sie sind Kunde, nicht Patient. In einer Paarberatung gilt für den Berater nicht das Prinzip der Neutralität, sondern der Allparteilichkeit. Er soll jedem Partner zu seinem Recht verhelfen.

Bücher und Adressen

Bücher von Michael Mary

Begegnungen mit dem Inneren Kind. Nordholt

Das Leben lässt fragen wo du bleibst – wer etwas ändern will, braucht ein Problem, Nordholt

Die Liebe der Individuen. Nordholt

Erlebte Beratung mit Paaren. Klett-Cotta

Lebt die Liebe, die ihr habt. Rowohlt

Umgang mit Vorwürfen. Nordholt

Wie Männer und Frauen die Liebe erleben. Nordholt

Wo bist du und wenn nicht wieso? GRÄFE UND UNZER VERLAG

Weitere E-Books finden Sie unter www.nordholt.de/shop.

Bücher aus dem GRÄFE UND UNZER VERLAG

Glaser, Ute: *Die Eltern-Trickkiste*

Matschnig, Monika: *Körpersprache der Liebe – Geheime Signale erkennen und gezielt aussenden*

Meier, Natascha: *Kamasutra Box*

Pohle, Rita: *Liebe geht auch einfach – Lass los, was deine Partnerschaft belastet*

Zurhorst; Eva-Maria und Wolfram: *Beziehungsglück* (mit DVD)

Über den Autor

Michael Mary arbeitet seit über 30 Jahren als Paar- und Individualberater. Im Lauf seiner Tätigkeit entwickelte er eine äußerst wirksame Methode zur Selbsterkenntnis und Verhaltensänderung, die sogenannte „Erlebte Beratung". Diese vermittelt er in speziellen Kursen auch anderen Coaches und Therapeuten. Michael Mary ist Autor zahlreicher Bücher zu den Themen Liebe und Partnerschaft sowie Persönlichkeitsentwicklung, darunter mehrere Bestseller. 2008 und 2010 beriet er Paare im TV-Format „Die Paarberater" und tut dies heute noch über die Online-TV-Plattform coachingtv.net.

www.michaelmary.de
www.erlebteberatung.at

Impressum

© 2013 GRÄFE UND UNZER VERLAG GmbH, München

Alle Rechte vorbehalten. Nachdruck, auch auszugsweise, sowie Verbreitung durch Bild, Funk, Fernsehen und Internet, durch fotomechanische Wiedergabe, Tonträger und Datenverarbeitungssysteme jeder Art nur mit schriftlicher Genehmigung des Verlags.

Projektleitung: Anja Schmidt
Lektorat: Diane Zilliges
Illustrationen: Antje Kahl, Berlin
Layout: independent Medien-Design, Horst Moser, München
Herstellung: Markus Plötz
Satz: Uhl + Massopust, Ulrike Kiesel, Aalen
Repro: Longo AG, Bozen
Druck und Bindung: Firmengruppe Appl, Wemding

ISBN 978-3-8338-3316-8

1. Auflage 2013

Die GU-Homepage finden Sie unter www.gu.de

 www.facebook.com/gu.verlag

Ein Unternehmen der
GANSKE VERLAGSGRUPPE

DIE GU-QUALITÄTS-GARANTIE

Liebe Leserin, lieber Leser,
wir möchten Ihnen mit den Informationen und Anregungen in diesem Buch das Leben erleichtern und Sie inspirieren, Neues auszuprobieren. Alle Informationen werden von unseren Autoren gewissenhaft erstellt und von unseren Redakteuren sorgfältig ausgewählt und mehrfach geprüft. Deshalb bieten wir Ihnen eine 100%ige Qualitätsgarantie. Sollten wir mit diesem Buch Ihre Erwartungen nicht erfüllen, lassen Sie es uns bitte wissen. Sie erhalten von uns kostenlos einen Ratgeber zum gleichen oder ähnlichen Thema. Wir freuen uns auf Ihre Rückmeldung, auf Lob, Kritik und Anregungen, damit wir für Sie immer besser werden können.

GRÄFE UND UNZER Verlag
Leserservice
Postfach 86 03 13
81630 München
E-Mail:
leserservice@graefe-und-unzer.de

Telefon: 0800 – 723 73 33*
Telefax: 0800 – 501 20 54*
Mo–Do: 8.00–18.00 Uhr
Fr: 8.00–16.00 Uhr
(* gebührenfrei in Deutschland)

Ihr GRÄFE UND UNZER Verlag
Der erste Ratgeberverlag – seit 1722.